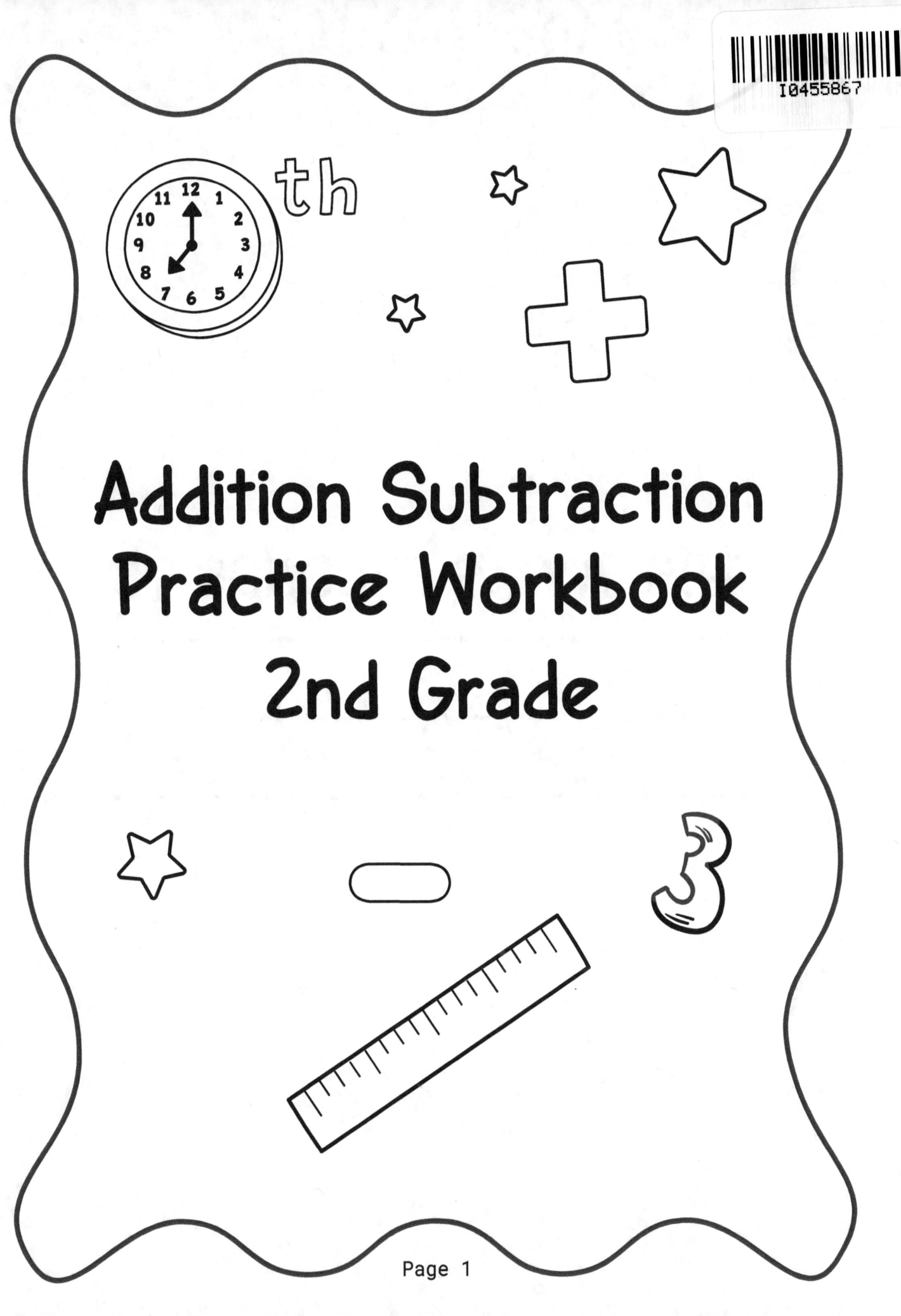

Addition Subtraction Practice Workbook 2nd Grade

THIS BOOKS BELONGS TO

_____

_____

_____

ADDITION

Name: _____

Time:

Date: _____

Score: /30

Let's do Addition

1) 35
  + 38

2) 38
  + 21

3) 78
  + 33

4) 71
  + 28

5)   5
  + 2

6) 72
  + 26

7) 34
  + 45

8) 58
  + 23

9) 72
  + 30

10)   4
  + 3

11) 80
  + 49

12) 79
  + 46

13) 57
  + 43

14) 45
  + 27

15)   4
  + 3

16) 71
  + 42

17) 86
  + 43

18) 86
  + 40

19) 33
  + 49

20)   8
  + 2

21) 67
  + 48

22) 76
  + 44

23) 89
  + 49

24) 36
  + 24

25)   7
  + 3

26) 85
  + 46

27) 42
  + 45

28) 76
  + 21

29) 75
  + 24

30)   5
  + 3

Name: _____

Date: _____

Time: _____

Score: _____ /30

Let's do Addition

1) 55
  + 30

2) 71
  + 26

3) 68
  + 22

4) 72
  + 21

5)   5
  + 4

6) 81
  + 44

7) 80
  + 35

8) 40
  + 40

9) 89
  + 41

10)   6
   + 4

11) 57
   + 35

12) 80
   + 34

13) 43
   + 32

14) 62
   + 47

15)   8
   + 3

16) 76
   + 47

17) 66
   + 36

18) 64
   + 31

19) 61
   + 29

20)   6
   + 2

21) 88
   + 50

22) 49
   + 28

23) 65
   + 33

24) 86
   + 33

25)   5
   + 3

26) 71
   + 29

27) 45
   + 42

28) 46
   + 24

29) 46
   + 45

30)   3
   + 4

Name: _____

Date: _____

Time:

Score: ___ /30

Let's do Addition

1) 29
  + 31
  ☐

2) 53
  + 24
  ☐

3) 52
  + 23
  ☐

4) 10
  + 25
  ☐

5) 1
  + 9
  ☐

6) 94
  + 50
  ☐

7) 32
  + 50
  ☐

8) 41
  + 45
  ☐

9) 17
  + 42
  ☐

10) 8
  + 1
  ☐

11) 46
  + 33
  ☐

12) 25
  + 82
  ☐

13) 29
  + 66
  ☐

14) 21
  + 95
  ☐

15) 4
  + 2
  ☐

16) 24
  + 23
  ☐

17) 14
  + 11
  ☐

18) 41
  + 45
  ☐

19) 40
  + 31
  ☐

20) 6
  + 4
  ☐

21) 37
  + 34
  ☐

22) 100
  + 13
  ☐

23) 96
  + 25
  ☐

24) 20
  + 50
  ☐

25) 7
  + 3
  ☐

26) 24
  + 16
  ☐

27) 31
  + 50
  ☐

28) 42
  + 75
  ☐

29) 34
  + 36
  ☐

30) 4
  + 8
  ☐

Name: _____

Date: _____

Time:

Score: /30

Let's do Addition

1)   45
   + 34
   ☐

2)   22
   + 87
   ☐

3)   77
   + 30
   ☐

4)   25
   + 44
   ☐

5)   57
   + 30
   ☐

6)   13
   + 28
   ☐

7)   53
   + 15
   ☐

8)   25
   + 32
   ☐

9)   35
   + 10
   ☐

10)   50
    + 28
   ☐

11)   23
    + 21
   ☐

12)   53
    + 10
   ☐

13)   94
    + 20
   ☐

14)   36
    + 10
   ☐

15)   24
    + 72
   ☐

16)   38
    + 87
   ☐

17)   41
    + 10
   ☐

18)   35
    + 26
   ☐

19)   58
    + 48
   ☐

20)   23
    + 16
   ☐

21)   76
    + 34
   ☐

22)   43
    + 26
   ☐

23)   32
    + 62
   ☐

24)   55
    + 27
   ☐

25)   31
    + 11
   ☐

26)   22
    + 59
   ☐

27)   50
    + 44
   ☐

28)   35
    + 18
   ☐

29)   26
    + 84
   ☐

30)   24
    + 65
   ☐

Name: _____ **Date:** _____

Time: _____ **Score:** ___ /30

Let's do Addition

1) 95
  + 45

2) 44
  + 14

3) 33
  + 52

4) 31
  + 86

5) 30
  + 20

6) 15
  + 57

7) 58
  + 22

8) 31
  + 75

9) 90
  + 27

10) 14
  + 22

11) 51
  + 19

12) 62
  + 35

13) 52
  + 32

14) 43
  + 21

15) 50
  + 50

16) 42
  + 54

17) 69
  + 44

18) 10
  + 17

19) 73
  + 36

20) 31
  + 10

21) 28
  + 11

22) 62
  + 24

23) 16
  + 77

24) 63
  + 31

25) 49
  + 64

26) 30
  + 83

27) 84
  + 33

28) 22
  + 63

29) 41
  + 95

30) 38
  + 16

Name: _____

Date: _____

Time:

Score: /30

Let's do Addition

1)
```
   31
+  49
```

2)
```
   65
+  45
```

3)
```
   46
+  36
```

4)
```
   14
+  78
```

5)
```
   78
+  29
```

6)
```
   12
+  29
```

7)
```
   33
+  36
```

8)
```
   50
+  75
```

9)
```
   45
+  49
```

10)
```
   48
+  12
```

11)
```
   31
+  99
```

12)
```
   52
+  28
```

13)
```
   21
+  32
```

14)
```
   32
+  55
```

15)
```
   42
+  97
```

16)
```
   52
+  46
```

17)
```
   37
+  16
```

18)
```
   39
+  87
```

19)
```
   49
+  11
```

20)
```
   44
+  40
```

21)
```
   13
+  27
```

22)
```
   36
+  50
```

23)
```
   25
+  50
```

24)
```
   44
+  77
```

25)
```
   43
+  11
```

26)
```
   81
+  25
```

27)
```
   85
+  28
```

28)
```
   21
+  28
```

29)
```
   14
+  55
```

30)
```
   42
+  16
```

Name: _____

Date: _____

Time:

Score: /30

Let's do Addition

1)
```
    16
+   68
```

2)
```
    22
+   43
```

3)
```
    29
+   57
```

4)
```
    45
+   14
```

5)
```
    1
+   1
```

6)
```
    70
+   26
```

7)
```
    29
+   38
```

8)
```
    11
+   14
```

9)
```
    27
+   48
```

10)
```
    4
+   1
```

11)
```
    94
+   25
```

12)
```
    49
+   38
```

13)
```
    50
+   12
```

14)
```
    100
+   20
```

15)
```
    1
+   9
```

16)
```
    56
+   36
```

17)
```
    31
+   63
```

18)
```
    33
+   82
```

19)
```
    17
+   27
```

20)
```
    3
+   4
```

21)
```
    41
+   29
```

22)
```
    72
+   47
```

23)
```
    96
+   14
```

24)
```
    27
+   33
```

25)
```
    8
+   1
```

26)
```
    97
+   34
```

27)
```
    95
+   38
```

28)
```
    18
+   71
```

29)
```
    24
+   30
```

30)
```
    3
+   4
```

Name: _____ **Date:** _____

Time: **Score:** /30

Let's do Addition

1)
```
   38
+  76
```

2)
```
   41
+  42
```

3)
```
   45
+  80
```

4)
```
   28
+  34
```

5)
```
   4
+  3
```

6)
```
   31
+  40
```

7)
```
   18
+  40
```

8)
```
   10
+  42
```

9)
```
   43
+  15
```

10)
```
   1
+  8
```

11)
```
   15
+  84
```

12)
```
   95
+  34
```

13)
```
   69
+  16
```

14)
```
   41
+  96
```

15)
```
   1
+  1
```

16)
```
   43
+  16
```

17)
```
   11
+  82
```

18)
```
   48
+  27
```

19)
```
   55
+  13
```

20)
```
   3
+  6
```

21)
```
   44
+  36
```

22)
```
   54
+  45
```

23)
```
   28
+  24
```

24)
```
  100
+  50
```

25)
```
   5
+  3
```

26)
```
   14
+  53
```

27)
```
   46
+  47
```

28)
```
   25
+  99
```

29)
```
   16
+  39
```

30)
```
   1
+  2
```

Name: _____

Date: _____

Time:

Score: /30

Let's do Addition

1) 68
  + 47
  ☐

2) 46
  + 78
  ☐

3) 45
  + 31
  ☐

4) 80
  + 18
  ☐

5) 41
  + 19
  ☐

6) 16
  + 42
  ☐

7) 41
  + 39
  ☐

8) 28
  + 51
  ☐

9) 57
  + 47
  ☐

10) 52
  + 37
  ☐

11) 37
  + 14
  ☐

12) 30
  + 47
  ☐

13) 47
  + 31
  ☐

14) 19
  + 65
  ☐

15) 35
  + 17
  ☐

16) 42
  + 71
  ☐

17) 21
  + 90
  ☐

18) 15
  + 88
  ☐

19) 85
  + 41
  ☐

20) 60
  + 31
  ☐

21) 94
  + 46
  ☐

22) 26
  + 86
  ☐

23) 99
  + 42
  ☐

24) 65
  + 38
  ☐

25) 23
  + 59
  ☐

26) 36
  + 49
  ☐

27) 22
  + 10
  ☐

28) 48
  + 31
  ☐

29) 32
  + 35
  ☐

30) 50
  + 28
  ☐

Name: _____ **Date:** _____

Time: **Score:** /30

Let's do Addition

1)
```
   59
 + 20
```
☐

2)
```
   10
 + 52
```
☐

3)
```
   44
 + 45
```
☐

4)
```
   81
 + 29
```
☐

5)
```
   23
 + 35
```
☐

6)
```
   36
 + 19
```
☐

7)
```
   11
 + 83
```
☐

8)
```
   24
 + 43
```
☐

9)
```
   37
 + 52
```
☐

10)
```
   33
 + 45
```
☐

11)
```
   25
 + 82
```
☐

12)
```
   31
 + 61
```
☐

13)
```
   16
 + 12
```
☐

14)
```
   41
 + 54
```
☐

15)
```
   78
 + 39
```
☐

16)
```
   36
 + 34
```
☐

17)
```
   74
 + 45
```
☐

18)
```
   71
 + 43
```
☐

19)
```
   48
 + 49
```
☐

20)
```
   22
 + 38
```
☐

21)
```
   11
 + 58
```
☐

22)
```
   18
 + 40
```
☐

23)
```
   95
 + 14
```
☐

24)
```
   34
 + 29
```
☐

25)
```
   36
 + 71
```
☐

26)
```
   38
 + 23
```
☐

27)
```
   21
 + 20
```
☐

28)
```
   50
 + 51
```
☐

29)
```
   19
 + 25
```
☐

30)
```
   95
 + 49
```
☐

Name: _____   Date: _____

Time: _____   Score: _____ /30

Let's do Addition

1) _____ + 24 = 89

2) _____ + 16 = 92

3) _____ + 18 = 118

4) _____ + 11 = 96

5) _____ + 47 = 135

6) _____ + 20 = 87

7) _____ + 33 = 125

8) _____ + 14 = 101

9) _____ + 20 = 85

10) _____ + 23 = 70

11) _____ + 24 = 81

12) _____ + 32 = 51

13) _____ + 39 = 118

14) _____ + 25 = 85

15) _____ + 44 = 70

16) _____ + 42 = 116

17) _____ + 16 = 107

18) _____ + 37 = 107

19) _____ + 38 = 61

20) _____ + 31 = 90

21) _____ + 49 = 144

22) _____ + 29 = 96

23) _____ + 15 = 101

24) _____ + 46 = 77

25) _____ + 43 = 104

26) _____ + 49 = 79

27) _____ + 41 = 120

28) _____ + 26 = 54

29) _____ + 33 = 130

30) _____ + 29 = 61

Name: _____   Date: _____

Time: _____   Score: /30

Let's do Addition

1) _____ + 35 = 122   2) _____ + 19 = 51   3) _____ + 48 = 70

4) _____ + 23 = 50   5) _____ + 33 = 94   6) _____ + 44 = 133

7) _____ + 36 = 87   8) _____ + 41 = 81   9) _____ + 36 = 99

10) _____ + 14 = 74   11) _____ + 30 = 43   12) _____ + 42 = 85

13) _____ + 45 = 62   14) _____ + 23 = 114   15) _____ + 29 = 79

16) _____ + 29 = 107   17) _____ + 14 = 67   18) _____ + 20 = 71

19) _____ + 32 = 63   20) _____ + 32 = 59   21) _____ + 11 = 76

22) _____ + 42 = 70   23) _____ + 13 = 51   24) _____ + 22 = 85

25) _____ + 16 = 42   26) _____ + 20 = 60   27) _____ + 39 = 85

28) _____ + 15 = 38   29) _____ + 10 = 72   30) _____ + 48 = 60

Name: _____ Date: _____

Time: _____ Score: _____ /30

Let's do Addition

1) _____ + 38 = 80   2) _____ + 38 = 124   3) _____ + 36 = 107

4) _____ + 38 = 70   5) _____ + 27 = 102   6) _____ + 14 = 80

7) _____ + 19 = 84   8) _____ + 30 = 109   9) _____ + 27 = 109

10) _____ + 25 = 35   11) _____ + 12 = 67   12) _____ + 12 = 52

13) _____ + 49 = 80   14) _____ + 22 = 48   15) _____ + 19 = 100

16) _____ + 32 = 97   17) _____ + 23 = 121   18) _____ + 37 = 50

19) _____ + 42 = 69   20) _____ + 12 = 38   21) _____ + 20 = 66

22) _____ + 35 = 129   23) _____ + 40 = 67   24) _____ + 46 = 56

25) _____ + 50 = 86   26) _____ + 39 = 87   27) _____ + 44 = 129

28) _____ + 18 = 80   29) _____ + 47 = 61   30) _____ + 15 = 97

Name: _____   **Date:** _____

Time: _____   **Score:** _____ /30

Let's do Addition

1) _____ + 12 = 79   2) _____ + 17 = 31   3) _____ + 38 = 68

4) _____ + 26 = 67   5) _____ + 46 = 146   6) _____ + 38 = 71

7) _____ + 16 = 63   8) _____ + 39 = 78   9) _____ + 15 = 46

10) _____ + 17 = 80   11) _____ + 11 = 90   12) _____ + 31 = 78

13) _____ + 38 = 59   14) _____ + 13 = 91   15) _____ + 17 = 89

16) _____ + 43 = 115   17) _____ + 46 = 107   18) _____ + 42 = 142

19) _____ + 41 = 126   20) _____ + 31 = 88   21) _____ + 48 = 79

22) _____ + 42 = 131   23) _____ + 12 = 61   24) _____ + 48 = 83

25) _____ + 50 = 142   26) _____ + 45 = 142   27) _____ + 26 = 97

28) _____ + 16 = 112   29) _____ + 36 = 86   30) _____ + 30 = 125

Name: _____

Time:

Date: _____

Score: /30

Let's do Addition

1) ___ + 50 = 105

2) ___ + 23 = 120

3) ___ + 22 = 121

4) ___ + 49 = 147

5) ___ + 10 = 103

6) ___ + 28 = 90

7) ___ + 12 = 26

8) ___ + 40 = 52

9) ___ + 10 = 25

10) ___ + 49 = 68

11) ___ + 22 = 71

12) ___ + 33 = 121

13) ___ + 17 = 90

14) ___ + 46 = 111

15) ___ + 37 = 68

16) ___ + 37 = 108

17) ___ + 17 = 38

18) ___ + 43 = 132

19) ___ + 42 = 123

20) ___ + 12 = 93

21) ___ + 19 = 64

22) ___ + 35 = 107

23) ___ + 34 = 110

24) ___ + 22 = 86

25) ___ + 49 = 68

26) ___ + 50 = 63

27) ___ + 35 = 128

28) ___ + 11 = 45

29) ___ + 34 = 59

30) ___ + 50 = 84

Name: _____   **Date:** _____

Time: **Score:** ___ /30

Let's do Addition

1) ___ + 32 = 116   2) ___ + 49 = 141   3) ___ + 29 = 97

4) ___ + 33 = 97   5) ___ + 22 = 107   6) ___ + 42 = 56

7) ___ + 22 = 62   8) ___ + 11 = 32   9) ___ + 36 = 67

10) ___ + 12 = 55   11) ___ + 50 = 108   12) ___ + 50 = 79

13) ___ + 28 = 122   14) ___ + 39 = 106   15) ___ + 31 = 84

16) ___ + 23 = 45   17) ___ + 50 = 129   18) ___ + 14 = 28

19) ___ + 24 = 117   20) ___ + 10 = 63   21) ___ + 25 = 44

22) ___ + 25 = 82   23) ___ + 44 = 118   24) ___ + 12 = 104

25) ___ + 38 = 63   26) ___ + 34 = 121   27) ___ + 22 = 89

28) ___ + 22 = 83   29) ___ + 20 = 77   30) ___ + 46 = 90

Name: _____

Date: _____

Time:

Score: /30

Let's do Addition

1) ⌐ ̄ ̄¬
    + 48
    ─────
    107

2) ⌐ ̄ ̄¬
    + 13
    ─────
    101

3) ⌐ ̄ ̄¬
    + 13
    ─────
    110

4) ⌐ ̄ ̄¬
    + 30
    ─────
    49

5) ⌐ ̄ ̄¬
    + 34
    ─────
    80

6) ⌐ ̄ ̄¬
    + 41
    ─────
    106

7) ⌐ ̄ ̄¬
    + 12
    ─────
    57

8) ⌐ ̄ ̄¬
    + 25
    ─────
    92

9) ⌐ ̄ ̄¬
    + 18
    ─────
    95

10) ⌐ ̄ ̄¬
    + 34
    ─────
    103

11) ⌐ ̄ ̄¬
    + 27
    ─────
    89

12) ⌐ ̄ ̄¬
    + 14
    ─────
    49

13) ⌐ ̄ ̄¬
    + 34
    ─────
    45

14) ⌐ ̄ ̄¬
    + 37
    ─────
    95

15) ⌐ ̄ ̄¬
    + 49
    ─────
    100

16) ⌐ ̄ ̄¬
    + 23
    ─────
    49

17) ⌐ ̄ ̄¬
    + 31
    ─────
    63

18) ⌐ ̄ ̄¬
    + 10
    ─────
    98

19) ⌐ ̄ ̄¬
    + 27
    ─────
    57

20) ⌐ ̄ ̄¬
    + 14
    ─────
    111

21) ⌐ ̄ ̄¬
    + 23
    ─────
    39

22) ⌐ ̄ ̄¬
    + 34
    ─────
    129

23) ⌐ ̄ ̄¬
    + 47
    ─────
    73

24) ⌐ ̄ ̄¬
    + 26
    ─────
    72

25) ⌐ ̄ ̄¬
    + 39
    ─────
    96

26) ⌐ ̄ ̄¬
    + 45
    ─────
    80

27) ⌐ ̄ ̄¬
    + 47
    ─────
    96

28) ⌐ ̄ ̄¬
    + 18
    ─────
    57

29) ⌐ ̄ ̄¬
    + 31
    ─────
    103

30) ⌐ ̄ ̄¬
    + 38
    ─────
    81

Name: _____

Date: _____

Time: _____

Score: ___ /30

Let's do Addition

1)
```
    [   ]
 +  15
 ─────
   111
```

2)
```
    [   ]
 +  46
 ─────
    75
```

3)
```
    [   ]
 +  48
 ─────
   118
```

4)
```
    [   ]
 +  45
 ─────
   143
```

5)
```
    [   ]
 +  33
 ─────
    61
```

6)
```
    [   ]
 +  34
 ─────
   126
```

7)
```
    [   ]
 +  16
 ─────
    83
```

8)
```
    [   ]
 +  38
 ─────
    90
```

9)
```
    [   ]
 +  36
 ─────
    69
```

10)
```
    [   ]
 +  33
 ─────
   132
```

11)
```
    [   ]
 +  29
 ─────
   128
```

12)
```
    [   ]
 +  20
 ─────
    41
```

13)
```
    [   ]
 +  48
 ─────
    85
```

14)
```
    [   ]
 +  35
 ─────
   128
```

15)
```
    [   ]
 +  23
 ─────
    86
```

16)
```
    [   ]
 +  18
 ─────
    59
```

17)
```
    [   ]
 +  27
 ─────
    37
```

18)
```
    [   ]
 +  27
 ─────
   101
```

19)
```
    [   ]
 +  21
 ─────
    43
```

20)
```
    [   ]
 +  38
 ─────
   118
```

21)
```
    [   ]
 +  14
 ─────
    48
```

22)
```
    [   ]
 +  47
 ─────
    80
```

23)
```
    [   ]
 +  15
 ─────
    73
```

24)
```
    [   ]
 +  13
 ─────
    30
```

25)
```
    [   ]
 +  43
 ─────
    80
```

26)
```
    [   ]
 +  44
 ─────
   100
```

27)
```
    [   ]
 +  19
 ─────
    80
```

28)
```
    [   ]
 +  25
 ─────
    96
```

29)
```
    [   ]
 +  30
 ─────
    62
```

30)
```
    [   ]
 +  14
 ─────
    79
```

Name: _____   Date: _____

Time: Score: /30

Let's do Addition

1) □
   + 38
   ─────
    65

2) □
   + 12
   ─────
    42

3) □
   + 34
   ─────
   114

4) □
   + 40
   ─────
    72

5) □
   + 2
   ─────
    10

6) □
   + 45
   ─────
   107

7) □
   + 11
   ─────
    98

8) □
   + 22
   ─────
    75

9) □
   + 17
   ─────
   117

10) □
   + 4
   ─────
    9

11) □
   + 16
   ─────
    26

12) □
   + 22
   ─────
   105

13) □
   + 36
   ─────
   133

14) □
   + 22
   ─────
    41

15) □
   + 2
   ─────
    8

16) □
   + 50
   ─────
   143

17) □
   + 38
   ─────
   131

18) □
   + 45
   ─────
   106

19) □
   + 25
   ─────
    75

20) □
   + 4
   ─────
    6

21) □
   + 20
   ─────
    89

22) □
   + 16
   ─────
    26

23) □
   + 17
   ─────
    67

24) □
   + 11
   ─────
    45

25) □
   + 3
   ─────
    10

26) □
   + 31
   ─────
   116

27) □
   + 42
   ─────
    93

28) □
   + 11
   ─────
    59

29) □
   + 23
   ─────
   123

30) □
   + 2
   ─────
    10

Name: _____   **Date:** _____

Time: _____   **Score:** _____ /30

Let's do Addition

1)
```
  [  ]
+  20
─────
 104
```

2)
```
  [  ]
+  18
─────
  61
```

3)
```
  [  ]
+  24
─────
  63
```

4)
```
  [  ]
+  17
─────
  82
```

5)
```
  [  ]
+  22
─────
  98
```

6)
```
  [  ]
+  43
─────
  93
```

7)
```
  [  ]
+  50
─────
  94
```

8)
```
  [  ]
+  35
─────
  94
```

9)
```
  [  ]
+  29
─────
  75
```

10)
```
  [  ]
+  40
─────
  83
```

11)
```
  [  ]
+  19
─────
 101
```

12)
```
  [  ]
+  24
─────
  37
```

13)
```
  [  ]
+  22
─────
  37
```

14)
```
  [  ]
+  25
─────
  84
```

15)
```
  [  ]
+  45
─────
  77
```

16)
```
  [  ]
+  34
─────
  71
```

17)
```
  [  ]
+  21
─────
  50
```

18)
```
  [  ]
+  34
─────
  57
```

19)
```
  [  ]
+  14
─────
  63
```

20)
```
  [  ]
+  42
─────
  92
```

21)
```
  [  ]
+  38
─────
  89
```

22)
```
  [  ]
+  39
─────
  77
```

23)
```
  [  ]
+  41
─────
  93
```

24)
```
  [  ]
+  27
─────
 117
```

25)
```
  [  ]
+  19
─────
 102
```

26)
```
  [  ]
+  45
─────
  74
```

27)
```
  [  ]
+  39
─────
  98
```

28)
```
  [  ]
+  27
─────
  78
```

29)
```
  [  ]
+  21
─────
  89
```

30)
```
  [  ]
+  38
─────
  89
```

Name: _____

Date: _____

Time:

Score: /30

Let's do Addition

1)
```
  ___
+ 45
─────
 110
```

2)
```
  ___
+ 23
─────
 107
```

3)
```
  ___
+ 14
─────
  42
```

4)
```
  ___
+ 45
─────
 116
```

5)
```
  ___
+ 25
─────
  84
```

6)
```
  ___
+ 20
─────
  68
```

7)
```
  ___
+ 41
─────
 115
```

8)
```
  ___
+ 19
─────
  39
```

9)
```
  ___
+ 30
─────
 117
```

10)
```
  ___
+ 14
─────
  82
```

11)
```
  ___
+ 12
─────
 109
```

12)
```
  ___
+ 27
─────
 102
```

13)
```
  ___
+ 23
─────
 101
```

14)
```
  ___
+ 33
─────
  72
```

15)
```
  ___
+ 19
─────
  95
```

16)
```
  ___
+ 28
─────
 106
```

17)
```
  ___
+ 38
─────
 130
```

18)
```
  ___
+ 32
─────
  52
```

19)
```
  ___
+ 46
─────
  84
```

20)
```
  ___
+ 36
─────
  53
```

21)
```
  ___
+ 20
─────
  31
```

22)
```
  ___
+ 45
─────
 128
```

23)
```
  ___
+ 15
─────
  85
```

24)
```
  ___
+ 12
─────
 104
```

25)
```
  ___
+ 32
─────
  70
```

26)
```
  ___
+ 12
─────
 102
```

27)
```
  ___
+ 45
─────
 142
```

28)
```
  ___
+ 46
─────
 105
```

29)
```
  ___
+ 24
─────
  79
```

30)
```
  ___
+ 38
─────
 135
```

Name: _____ **Date:** _____

Time: **Score:** /30

Let's do Addition

1)
```
+  27
─────
 116
```

2)
```
+  15
─────
  73
```

3)
```
+  10
─────
 102
```

4)
```
+  13
─────
  79
```

5)
```
+  30
─────
  74
```

6)
```
+  18
─────
  30
```

7)
```
+  48
─────
 116
```

8)
```
+  34
─────
  93
```

9)
```
+  35
─────
  55
```

10)
```
+  11
─────
  61
```

11)
```
+  44
─────
  94
```

12)
```
+  22
─────
  83
```

13)
```
+  45
─────
  70
```

14)
```
+  35
─────
  99
```

15)
```
+  30
─────
  48
```

16)
```
+  20
─────
 113
```

17)
```
+  32
─────
  56
```

18)
```
+  33
─────
  50
```

19)
```
+  26
─────
 100
```

20)
```
+  34
─────
 123
```

21)
```
+  42
─────
 128
```

22)
```
+  34
─────
  58
```

23)
```
+  16
─────
  37
```

24)
```
+  10
─────
  23
```

25)
```
+  26
─────
  39
```

26)
```
+  26
─────
 102
```

27)
```
+  35
─────
  86
```

28)
```
+  12
─────
  31
```

29)
```
+  34
─────
 132
```

30)
```
+  10
─────
  40
```

Name: _____

Date: _____

Time: _____

Score: _____ /30

Let's do Addition

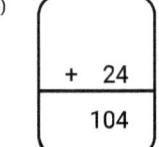

1)
+ 22
43

2)
+ 43
100

3)
+ 40
137

4)
+ 34
65

5)
+ 26
83

6)
+ 24
104

7)
+ 19
74

8)
+ 50
72

9)
+ 31
85

10)
+ 31
124

11)
+ 46
117

12)
+ 31
48

13)
+ 31
97

14)
+ 43
60

15)
+ 43
84

16)
+ 38
132

17)
+ 49
96

18)
+ 26
108

19)
+ 32
131

20)
+ 18
103

21)
+ 37
102

22)
+ 46
84

23)
+ 29
44

24)
+ 47
100

25)
+ 13
88

26)
+ 26
47

27)
+ 50
73

28)
+ 28
56

29)
+ 13
25

30)
+ 34
89

Name: _____

Time:

Date: _____

Score: /30

Let's do Addition

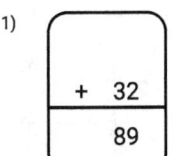

1)
```
+   32
─────
    89
```

2)
```
+   48
─────
   111
```

3)
```
+   32
─────
   100
```

4)
```
+   38
─────
   112
```

5)
```
+   50
─────
   131
```

6)
```
+   39
─────
   132
```

7)
```
+   30
─────
    92
```

8)
```
+   41
─────
   132
```

9)
```
+   16
─────
   100
```

10)
```
+   17
─────
    36
```

11)
```
+   49
─────
    85
```

12)
```
+   42
─────
   127
```

13)
```
+   44
─────
   117
```

14)
```
+   47
─────
   117
```

15)
```
+   36
─────
    47
```

16)
```
+   41
─────
   138
```

17)
```
+   31
─────
    89
```

18)
```
+   46
─────
   109
```

19)
```
+   12
─────
    98
```

20)
```
+   48
─────
    85
```

21)
```
+   33
─────
   102
```

22)
```
+   21
─────
    89
```

23)
```
+   30
─────
    78
```

24)
```
+   34
─────
    84
```

25)
```
+   45
─────
    75
```

26)
```
+   43
─────
    72
```

27)
```
+   27
─────
    85
```

28)
```
+   23
─────
    46
```

29)
```
+   40
─────
    67
```

30)
```
+   27
─────
    75
```

Name: _____

Date: _____

Time:

Score: /30

Let's do Addition

1)
```
+  35
-------
  111
```

2)
```
+  22
-------
   61
```

3)
```
+  39
-------
   84
```

4)
```
+  49
-------
   72
```

5)
```
+  17
-------
  109
```

6)
```
+  35
-------
  127
```

7)
```
+  17
-------
   56
```

8)
```
+  42
-------
  101
```

9)
```
+  20
-------
   54
```

10)
```
+  26
-------
   52
```

11)
```
+  29
-------
   69
```

12)
```
+  28
-------
   72
```

13)
```
+  38
-------
   94
```

14)
```
+  37
-------
   89
```

15)
```
+  13
-------
  113
```

16)
```
+  30
-------
   79
```

17)
```
+  17
-------
   36
```

18)
```
+  45
-------
   83
```

19)
```
+  10
-------
   51
```

20)
```
+  50
-------
   78
```

21)
```
+  30
-------
   83
```

22)
```
+  29
-------
   79
```

23)
```
+  12
-------
   97
```

24)
```
+  29
-------
   58
```

25)
```
+  31
-------
   76
```

26)
```
+  21
-------
   76
```

27)
```
+  10
-------
   36
```

28)
```
+  50
-------
   86
```

29)
```
+  36
-------
   59
```

30)
```
+  11
-------
   45
```

Name: _____   **Date:** _____

Time: _____   **Score:** ___ /30

Let's do Addition

1)
$$+\ 21$$
$$47$$

2)
$$+\ 41$$
$$71$$

3)
$$+\ 23$$
$$45$$

4)
$$+\ 26$$
$$47$$

5)
$$+\ 11$$
$$45$$

6)
$$+\ 33$$
$$129$$

7)
$$+\ 14$$
$$52$$

8)
$$+\ 20$$
$$84$$

9)
$$+\ 10$$
$$103$$

10)
$$+\ 11$$
$$44$$

11)
$$+\ 30$$
$$114$$

12)
$$+\ 26$$
$$51$$

13)
$$+\ 14$$
$$103$$

14)
$$+\ 25$$
$$121$$

15)
$$+\ 49$$
$$90$$

16)
$$+\ 39$$
$$81$$

17)
$$+\ 42$$
$$52$$

18)
$$+\ 49$$
$$122$$

19)
$$+\ 49$$
$$72$$

20)
$$+\ 49$$
$$145$$

21)
$$+\ 26$$
$$94$$

22)
$$+\ 26$$
$$50$$

23)
$$+\ 19$$
$$83$$

24)
$$+\ 50$$
$$104$$

25)
$$+\ 32$$
$$107$$

26)
$$+\ 41$$
$$106$$

27)
$$+\ 34$$
$$122$$

28)
$$+\ 16$$
$$50$$

29)
$$+\ 20$$
$$61$$

30)
$$+\ 44$$
$$137$$

Name: _____

Date: _____

Time:

Score: ___ /30

Let's do Addition

1)
```
+  30
─────
   89
```

2)
```
+  14
─────
   50
```

3)
```
+  26
─────
   50
```

4)
```
+  33
─────
  105
```

5)
```
+  14
─────
   86
```

6)
```
+  13
─────
   48
```

7)
```
+  29
─────
   78
```

8)
```
+  14
─────
   71
```

9)
```
+  17
─────
  102
```

10)
```
+  38
─────
   59
```

11)
```
+  14
─────
   68
```

12)
```
+  15
─────
   32
```

13)
```
+  29
─────
   92
```

14)
```
+  50
─────
   88
```

15)
```
+  45
─────
  138
```

16)
```
+  32
─────
   59
```

17)
```
+  29
─────
   83
```

18)
```
+  44
─────
   87
```

19)
```
+  50
─────
  126
```

20)
```
+  20
─────
   44
```

21)
```
+  12
─────
  100
```

22)
```
+  34
─────
  103
```

23)
```
+  45
─────
   87
```

24)
```
+  11
─────
   98
```

25)
```
+  40
─────
  133
```

26)
```
+  36
─────
   96
```

27)
```
+  42
─────
  124
```

28)
```
+  34
─────
  107
```

29)
```
+  28
─────
  116
```

30)
```
+  13
─────
   67
```

Name: _____

Date: _____

Time:

Score: ___ /30

Let's do Addition

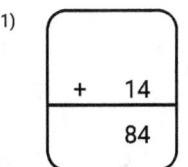

1)
```
+   14
─────────
    84
```

2)
```
+   10
─────────
    90
```

3)
```
+   32
─────────
    82
```

4)
```
+   40
─────────
    77
```

5)
```
+   13
─────────
    24
```

6)
```
+   36
─────────
   101
```

7)
```
+   37
─────────
   118
```

8)
```
+   11
─────────
    26
```

9)
```
+   10
─────────
   100
```

10)
```
+   19
─────────
    98
```

11)
```
+   22
─────────
    47
```

12)
```
+   28
─────────
    88
```

13)
```
+   27
─────────
    39
```

14)
```
+   41
─────────
   111
```

15)
```
+   17
─────────
    73
```

16)
```
+   22
─────────
    89
```

17)
```
+   27
─────────
    66
```

18)
```
+   34
─────────
   124
```

19)
```
+   14
─────────
    26
```

20)
```
+   22
─────────
    55
```

21)
```
+   38
─────────
    66
```

22)
```
+   28
─────────
    84
```

23)
```
+   29
─────────
   103
```

24)
```
+   23
─────────
   123
```

25)
```
+   13
─────────
    83
```

26)
```
+   14
─────────
    61
```

27)
```
+   14
─────────
    70
```

28)
```
+   46
─────────
    91
```

29)
```
+   48
─────────
   128
```

30)
```
+   47
─────────
   100
```

Name: _____

Time: _____

Date: _____

Score: /30

Let's do Addition

1)
```
+   21
   57
```

2)
```
+   46
  119
```

3)
```
+   27
   75
```

4)
```
+   21
   56
```

5)
```
+   48
   93
```

6)
```
+   39
  117
```

7)
```
+   12
   26
```

8)
```
+   50
   61
```

9)
```
+   32
   62
```

10)
```
+   47
  113
```

11)
```
+   28
   60
```

12)
```
+   30
   93
```

13)
```
+   39
   60
```

14)
```
+   44
   83
```

15)
```
+   35
  114
```

16)
```
+   22
  118
```

17)
```
+   48
  110
```

18)
```
+   43
  102
```

19)
```
+   12
   57
```

20)
```
+   24
   51
```

21)
```
+   20
   42
```

22)
```
+   27
   78
```

23)
```
+   22
  102
```

24)
```
+   16
   40
```

25)
```
+   27
   74
```

26)
```
+   45
  109
```

27)
```
+   38
  113
```

28)
```
+   36
  105
```

29)
```
+   27
  127
```

30)
```
+   17
   42
```

Name: _____

Date: _____

Time:

Score: /30

Let's do Addition

1)
```
+   34
─────────
    70
```

2)
```
+   35
─────────
    98
```

3)
```
+   18
─────────
   107
```

4)
```
+   13
─────────
    47
```

5)
```
+   25
─────────
    48
```

6)
```
+   49
─────────
    80
```

7)
```
+   47
─────────
    63
```

8)
```
+   48
─────────
   134
```

9)
```
+   12
─────────
    35
```

10)
```
+   16
─────────
    78
```

11)
```
+   14
─────────
    87
```

12)
```
+   48
─────────
   127
```

13)
```
+   42
─────────
    79
```

14)
```
+   40
─────────
   129
```

15)
```
+   24
─────────
    41
```

16)
```
+   19
─────────
    50
```

17)
```
+   16
─────────
    76
```

18)
```
+   20
─────────
    67
```

19)
```
+   49
─────────
   113
```

20)
```
+   32
─────────
   119
```

21)
```
+   40
─────────
    98
```

22)
```
+   31
─────────
   114
```

23)
```
+   30
─────────
    77
```

24)
```
+   30
─────────
   100
```

25)
```
+   19
─────────
    42
```

26)
```
+   48
─────────
    83
```

27)
```
+   11
─────────
    54
```

28)
```
+   31
─────────
    66
```

29)
```
+   24
─────────
   105
```

30)
```
+   42
─────────
   137
```

Name: _____   **Date:** _____

Time: **Score:**   /30

Let's do Addition

1) $24 + \boxed{} = 71$ 2) $43 + \boxed{} = 59$ 3) $42 + \boxed{} = 53$

4) $12 + \boxed{} = 59$ 5) $64 + \boxed{} = 106$ 6) $66 + \boxed{} = 93$

7) $63 + \boxed{} = 103$ 8) $69 + \boxed{} = 118$ 9) $17 + \boxed{} = 30$

10) $22 + \boxed{} = 68$ 11) $20 + \boxed{} = 39$ 12) $85 + \boxed{} = 101$

13) $80 + \boxed{} = 122$ 14) $28 + \boxed{} = 61$ 15) $76 + \boxed{} = 118$

16) $66 + \boxed{} = 89$ 17) $43 + \boxed{} = 85$ 18) $28 + \boxed{} = 50$

19) $98 + \boxed{} = 112$ 20) $25 + \boxed{} = 46$ 21) $35 + \boxed{} = 70$

22) $32 + \boxed{} = 81$ 23) $56 + \boxed{} = 83$ 24) $52 + \boxed{} = 79$

25) $75 + \boxed{} = 107$ 26) $32 + \boxed{} = 57$ 27) $89 + \boxed{} = 127$

28) $68 + \boxed{} = 94$ 29) $27 + \boxed{} = 46$ 30) $68 + \boxed{} = 105$

Name: _____   Date: _____

Time: Score: /30

Let's do Addition

1) 88 + [   ] = 123   2) 50 + [   ] = 92   3) 78 + [   ] = 127

4) 79 + [   ] = 90   5) 67 + [   ] = 87   6) 10 + [   ] = 28

7) 97 + [   ] = 126   8) 18 + [   ] = 43   9) 44 + [   ] = 68

10) 65 + [   ] = 98   11) 96 + [   ] = 108   12) 60 + [   ] = 103

13) 45 + [   ] = 61   14) 10 + [   ] = 26   15) 15 + [   ] = 25

16) 43 + [   ] = 62   17) 54 + [   ] = 65   18) 27 + [   ] = 55

19) 39 + [   ] = 53   20) 52 + [   ] = 84   21) 59 + [   ] = 69

22) 84 + [   ] = 99   23) 44 + [   ] = 70   24) 46 + [   ] = 76

25) 56 + [   ] = 99   26) 97 + [   ] = 123   27) 20 + [   ] = 70

28) 46 + [   ] = 95   29) 56 + [   ] = 68   30) 67 + [   ] = 117

Name: _____ Date: _____

Time: Score: /30

Let's do Addition

1) 11 + ☐ = 43

2) 14 + ☐ = 53

3) 71 + ☐ = 112

4) 55 + ☐ = 99

5) 63 + ☐ = 86

6) 27 + ☐ = 56

7) 52 + ☐ = 81

8) 10 + ☐ = 57

9) 53 + ☐ = 96

10) 89 + ☐ = 116

11) 28 + ☐ = 58

12) 25 + ☐ = 66

13) 46 + ☐ = 91

14) 59 + ☐ = 81

15) 39 + ☐ = 54

16) 42 + ☐ = 77

17) 92 + ☐ = 110

18) 43 + ☐ = 54

19) 67 + ☐ = 100

20) 84 + ☐ = 95

21) 31 + ☐ = 61

22) 10 + ☐ = 30

23) 14 + ☐ = 50

24) 70 + ☐ = 111

25) 70 + ☐ = 85

26) 60 + ☐ = 99

27) 21 + ☐ = 51

28) 85 + ☐ = 105

29) 11 + ☐ = 32

30) 61 + ☐ = 78

Name: _____ **Date:** _____

Time: _____ **Score:** ___/30

Let's do Addition

1) 52 + [____] = 98   2) 41 + [____] = 77   3) 88 + [____] = 124

4) 19 + [____] = 56   5) 75 + [____] = 99   6) 29 + [____] = 70

7) 23 + [____] = 72   8) 32 + [____] = 53   9) 56 + [____] = 99

10) 59 + [____] = 69   11) 83 + [____] = 116   12) 57 + [____] = 74

13) 86 + [____] = 107   14) 87 + [____] = 109   15) 53 + [____] = 76

16) 87 + [____] = 136   17) 30 + [____] = 66   18) 44 + [____] = 75

19) 95 + [____] = 118   20) 93 + [____] = 105   21) 64 + [____] = 82

22) 38 + [____] = 60   23) 61 + [____] = 91   24) 39 + [____] = 62

25) 67 + [____] = 117   26) 60 + [____] = 85   27) 12 + [____] = 43

28) 15 + [____] = 45   29) 93 + [____] = 130   30) 25 + [____] = 60

Name: _____

Date: _____

Time:

Score: /30

Let's do Addition

1) 83 + [   ] = 107

2) 13 + [   ] = 25

3) 95 + [   ] = 125

4) 84 + [   ] = 119

5) 19 + [   ] = 67

6) 89 + [   ] = 112

7) 37 + [   ] = 80

8) 73 + [   ] = 107

9) 67 + [   ] = 115

10) 86 + [   ] = 116

11) 86 + [   ] = 112

12) 14 + [   ] = 49

13) 17 + [   ] = 64

14) 42 + [   ] = 81

15) 43 + [   ] = 86

16) 39 + [   ] = 68

17) 92 + [   ] = 120

18) 81 + [   ] = 113

19) 34 + [   ] = 80

20) 76 + [   ] = 114

21) 93 + [   ] = 118

22) 39 + [   ] = 88

23) 76 + [   ] = 118

24) 38 + [   ] = 88

25) 18 + [   ] = 41

26) 88 + [   ] = 113

27) 53 + [   ] = 73

28) 27 + [   ] = 75

29) 86 + [   ] = 112

30) 85 + [   ] = 105

Name: _____ **Date:** _____

Time: **Score:** /30

Let's do Addition

1) 84 + ☐ = 97   2) 51 + ☐ = 65   3) 83 + ☐ = 109

4) 60 + ☐ = 97   5) 64 + ☐ = 114   6) 15 + ☐ = 53

7) 79 + ☐ = 115   8) 84 + ☐ = 127   9) 31 + ☐ = 61

10) 59 + ☐ = 87   11) 15 + ☐ = 38   12) 25 + ☐ = 67

13) 34 + ☐ = 48   14) 41 + ☐ = 89   15) 15 + ☐ = 60

16) 13 + ☐ = 33   17) 28 + ☐ = 41   18) 66 + ☐ = 110

19) 96 + ☐ = 116   20) 80 + ☐ = 98   21) 38 + ☐ = 73

22) 90 + ☐ = 125   23) 84 + ☐ = 101   24) 71 + ☐ = 108

25) 49 + ☐ = 71   26) 86 + ☐ = 112   27) 59 + ☐ = 87

28) 89 + ☐ = 135   29) 81 + ☐ = 107   30) 51 + ☐ = 92

Name: _____   **Date:** _____

Time: **Score: /30**

Let's do Addition

1) $55 + \boxed{} = 65$ 2) $73 + \boxed{} = 105$ 3) $44 + \boxed{} = 65$

4) $35 + \boxed{} = 52$ 5) $98 + \boxed{} = 148$ 6) $13 + \boxed{} = 23$

7) $23 + \boxed{} = 40$ 8) $19 + \boxed{} = 43$ 9) $65 + \boxed{} = 79$

10) $63 + \boxed{} = 80$ 11) $30 + \boxed{} = 52$ 12) $31 + \boxed{} = 56$

13) $64 + \boxed{} = 78$ 14) $78 + \boxed{} = 99$ 15) $59 + \boxed{} = 79$

16) $93 + \boxed{} = 120$ 17) $78 + \boxed{} = 124$ 18) $26 + \boxed{} = 46$

19) $29 + \boxed{} = 56$ 20) $94 + \boxed{} = 135$ 21) $36 + \boxed{} = 68$

22) $15 + \boxed{} = 65$ 23) $42 + \boxed{} = 84$ 24) $33 + \boxed{} = 56$

25) $21 + \boxed{} = 67$ 26) $46 + \boxed{} = 60$ 27) $85 + \boxed{} = 122$

28) $80 + \boxed{} = 105$ 29) $28 + \boxed{} = 55$ 30) $51 + \boxed{} = 90$

Name: _____ **Date:** _____

Time: _____ **Score:** /30

Let's do Addition

1) 59 + [ ] = 77

2) 88 + [ ] = 109

3) 28 + [ ] = 52

4) 92 + [ ] = 139

5) 14 + [ ] = 58

6) 76 + [ ] = 119

7) 70 + [ ] = 114

8) 22 + [ ] = 53

9) 84 + [ ] = 126

10) 77 + [ ] = 121

11) 72 + [ ] = 118

12) 86 + [ ] = 107

13) 58 + [ ] = 94

14) 69 + [ ] = 83

15) 77 + [ ] = 96

16) 24 + [ ] = 61

17) 79 + [ ] = 93

18) 51 + [ ] = 65

19) 41 + [ ] = 78

20) 38 + [ ] = 55

21) 96 + [ ] = 136

22) 79 + [ ] = 125

23) 79 + [ ] = 124

24) 68 + [ ] = 104

25) 22 + [ ] = 69

26) 22 + [ ] = 50

27) 44 + [ ] = 57

28) 90 + [ ] = 120

29) 77 + [ ] = 116

30) 27 + [ ] = 43

Name: _____   Date: _____

Time: _____   Score: /30

Let's do Addition

1)   94 + ☐ = 131   2)   91 + ☐ = 116   3)   70 + ☐ = 91

4)   83 + ☐ = 97   5)   81 + ☐ = 127   6)   76 + ☐ = 91

7)   90 + ☐ = 124   8)   33 + ☐ = 68   9)   81 + ☐ = 120

10)   39 + ☐ = 59   11)   23 + ☐ = 37   12)   29 + ☐ = 50

13)   21 + ☐ = 55   14)   93 + ☐ = 115   15)   14 + ☐ = 29

16)   79 + ☐ = 124   17)   17 + ☐ = 44   18)   59 + ☐ = 93

19)   17 + ☐ = 50   20)   14 + ☐ = 62   21)   52 + ☐ = 76

22)   34 + ☐ = 60   23)   19 + ☐ = 41   24)   56 + ☐ = 96

25)   12 + ☐ = 47   26)   65 + ☐ = 113   27)   58 + ☐ = 106

28)   46 + ☐ = 85   29)   27 + ☐ = 68   30)   59 + ☐ = 75

Name: _____

Date: _____

Time:

Score: /30

Let's do Addition

1)
+ 37
64

2)
+ 23
94

3)
+ 47
84

4)
+ 18
103

5)
+ 20
60

6)
+ 46
95

7)
+ 17
49

8)
+ 43
91

9)
+ 37
57

10)
+ 36
129

11)
+ 50
95

12)
+ 16
83

13)
+ 16
40

14)
+ 19
112

15)
+ 42
53

16)
+ 24
106

17)
+ 24
71

18)
+ 48
108

19)
+ 31
52

20)
+ 37
86

21)
+ 32
65

22)
+ 40
139

23)
+ 30
118

24)
+ 11
97

25)
+ 13
60

26)
+ 47
137

27)
+ 23
43

28)
+ 26
42

29)
+ 36
129

30)
+ 24
83

Name: _____ **Date:** _____

Time: **Score:** /30

Let's do Addition

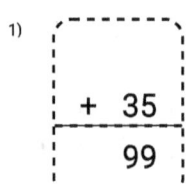

1)
```
+  35
   99
```

2)
```
+  48
  129
```

3)
```
+  31
   65
```

4)
```
+  50
  139
```

5)
```
+  33
   57
```

6)
```
+  38
  106
```

7)
```
+  41
   61
```

8)
```
+  49
   96
```

9)
```
+  31
   43
```

10)
```
+  10
   91
```

11)
```
+  49
   76
```

12)
```
+  33
   89
```

13)
```
+  35
   97
```

14)
```
+  16
   59
```

15)
```
+  40
   79
```

16)
```
+  33
  108
```

17)
```
+  45
   71
```

18)
```
+  39
  125
```

19)
```
+  36
   53
```

20)
```
+  27
   58
```

21)
```
+  22
  101
```

22)
```
+  20
   67
```

23)
```
+  25
   84
```

24)
```
+  14
  105
```

25)
```
+  22
   86
```

26)
```
+  47
  126
```

27)
```
+  28
   42
```

28)
```
+  19
   83
```

29)
```
+  14
   49
```

30)
```
+  31
   69
```

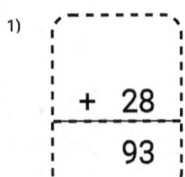

Name: _____

Date: _____

Time: _____

Score: _____ /30

Let's do Addition

1)
```
 +  28
─────
   93
```

2)
```
 +  45
─────
  118
```

3)
```
 +  18
─────
   31
```

4)
```
 +  37
─────
   73
```

5)
```
 +  14
─────
   99
```

6)
```
 +  41
─────
  102
```

7)
```
 +  14
─────
   60
```

8)
```
 +  10
─────
   94
```

9)
```
 +  15
─────
   87
```

10)
```
 +  28
─────
   82
```

11)
```
 +  40
─────
  105
```

12)
```
 +  13
─────
   71
```

13)
```
 +  44
─────
   65
```

14)
```
 +  41
─────
  117
```

15)
```
 +  13
─────
   69
```

16)
```
 +  19
─────
   79
```

17)
```
 +  22
─────
  105
```

18)
```
 +  15
─────
   57
```

19)
```
 +  19
─────
   55
```

20)
```
 +  38
─────
  113
```

21)
```
 +  12
─────
   69
```

22)
```
 +  41
─────
   86
```

23)
```
 +  10
─────
   47
```

24)
```
 +  38
─────
  131
```

25)
```
 +  14
─────
   82
```

26)
```
 +  15
─────
   63
```

27)
```
 +  17
─────
   58
```

28)
```
 +  42
─────
  113
```

29)
```
 +  11
─────
   51
```

30)
```
 +  27
─────
   85
```

Name: _____

Date: _____

Time:

Score: /30

Let's do Addition

1)
```
+  48
─────
   70
```

2)
```
+  19
─────
   63
```

3)
```
+  15
─────
   73
```

4)
```
+  48
─────
   63
```

5)
```
+  16
─────
   29
```

6)
```
+  29
─────
   56
```

7)
```
+  11
─────
  102
```

8)
```
+  40
─────
   62
```

9)
```
+  28
─────
   94
```

10)
```
+  18
─────
   73
```

11)
```
+  29
─────
   54
```

12)
```
+  34
─────
  120
```

13)
```
+  10
─────
   73
```

14)
```
+  27
─────
  123
```

15)
```
+  41
─────
  131
```

16)
```
+  41
─────
   53
```

17)
```
+  31
─────
   73
```

18)
```
+  31
─────
  124
```

19)
```
+  50
─────
   96
```

20)
```
+  13
─────
   69
```

21)
```
+  47
─────
   68
```

22)
```
+  46
─────
   71
```

23)
```
+  34
─────
   56
```

24)
```
+  27
─────
   66
```

25)
```
+  37
─────
  120
```

26)
```
+  31
─────
   51
```

27)
```
+  48
─────
  113
```

28)
```
+  37
─────
   94
```

29)
```
+  38
─────
   94
```

30)
```
+  36
─────
   48
```

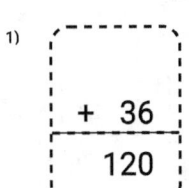

Page 44

Name: _____ Date: _____

Time: Score: /30

Let's do Addition

1) + 36 / 120

2) + 40 / 73

3) + 41 / 66

4) + 29 / 58

5) + 41 / 88

6) + 31 / 77

7) + 14 / 68

8) + 34 / 114

9) + 11 / 55

10) + 10 / 34

11) + 10 / 87

12) + 32 / 75

13) + 49 / 142

14) + 10 / 40

15) + 48 / 65

16) + 35 / 81

17) + 11 / 89

18) + 34 / 96

19) + 17 / 79

20) + 29 / 125

21) + 47 / 135

22) + 46 / 87

23) + 44 / 63

24) + 38 / 117

25) + 22 / 36

26) + 43 / 112

27) + 41 / 110

28) + 27 / 92

29) + 20 / 107

30) + 18 / 91

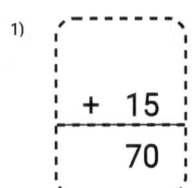

Name: _____

Date: _____

Time:

Score: /30

Let's do Addition

1)
+ 15
70

2)
+ 16
108

3)
+ 37
103

4)
+ 13
44

5)
+ 49
86

6)
+ 17
62

7)
+ 21
72

8)
+ 13
96

9)
+ 41
84

10)
+ 22
45

11)
+ 27
112

12)
+ 45
119

13)
+ 29
40

14)
+ 32
126

15)
+ 20
47

16)
+ 25
107

17)
+ 32
57

18)
+ 41
139

19)
+ 44
98

20)
+ 40
59

21)
+ 24
73

22)
+ 49
75

23)
+ 34
82

24)
+ 23
96

25)
+ 27
46

26)
+ 25
80

27)
+ 43
54

28)
+ 20
87

29)
+ 18
72

30)
+ 31
95

Name: _____ Date: _____

Time: Score: /30

Let's do Addition

1)
```
+ 12
  73
```

2)
```
+ 40
 134
```

3)
```
+ 10
  31
```

4)
```
+ 10
 104
```

5)
```
+ 33
  85
```

6)
```
+ 27
 111
```

7)
```
+ 22
  79
```

8)
```
+ 14
  26
```

9)
```
+ 14
  69
```

10)
```
+ 23
  85
```

11)
```
+ 44
  91
```

12)
```
+ 15
  49
```

13)
```
+ 34
 115
```

14)
```
+ 27
  96
```

15)
```
+ 10
  96
```

16)
```
+ 34
  92
```

17)
```
+ 10
  23
```

18)
```
+ 21
 106
```

19)
```
+ 36
  66
```

20)
```
+ 32
  81
```

21)
```
+ 24
 113
```

22)
```
+ 40
 100
```

23)
```
+ 47
 103
```

24)
```
+ 40
  85
```

25)
```
+ 43
 116
```

26)
```
+ 16
  57
```

27)
```
+ 13
  43
```

28)
```
+ 32
  68
```

29)
```
+ 43
  86
```

30)
```
+ 36
  70
```

Name: _____

Time:

Date: _____

Score: /30

Let's do Addition

1)
```
  + 26
  ─────
  112
```

2)
```
  + 35
  ─────
  103
```

3)
```
  + 37
  ─────
   55
```

4)
```
  + 33
  ─────
   85
```

5)
```
  + 43
  ─────
  112
```

6)
```
  + 27
  ─────
   92
```

7)
```
  + 47
  ─────
   81
```

8)
```
  + 39
  ─────
  111
```

9)
```
  + 47
  ─────
  136
```

10)
```
  + 33
  ─────
  112
```

11)
```
  + 29
  ─────
   65
```

12)
```
  + 11
  ─────
   29
```

13)
```
  + 12
  ─────
   23
```

14)
```
  + 22
  ─────
   39
```

15)
```
  + 39
  ─────
   93
```

16)
```
  + 46
  ─────
   65
```

17)
```
  + 28
  ─────
   93
```

18)
```
  + 15
  ─────
   59
```

19)
```
  + 28
  ─────
   82
```

20)
```
  + 13
  ─────
   23
```

21)
```
  + 27
  ─────
  109
```

22)
```
  + 22
  ─────
   51
```

23)
```
  + 21
  ─────
   62
```

24)
```
  + 30
  ─────
   47
```

25)
```
  + 39
  ─────
   56
```

26)
```
  + 29
  ─────
   47
```

27)
```
  + 25
  ─────
  120
```

28)
```
  + 31
  ─────
   74
```

29)
```
  + 43
  ─────
   59
```

30)
```
  + 23
  ─────
   61
```

Name: _____

Date: _____

Time:

Score: /30

Let's do Addition

1)
```
  + 30
  ─────
  118
```

2)
```
  + 18
  ─────
  75
```

3)
```
  + 45
  ─────
  87
```

4)
```
  + 22
  ─────
  75
```

5)
```
  + 20
  ─────
  95
```

6)
```
  + 26
  ─────
  39
```

7)
```
  + 46
  ─────
  89
```

8)
```
  + 37
  ─────
  133
```

9)
```
  + 37
  ─────
  63
```

10)
```
  + 23
  ─────
  48
```

11)
```
  + 28
  ─────
  51
```

12)
```
  + 43
  ─────
  53
```

13)
```
  + 16
  ─────
  70
```

14)
```
  + 48
  ─────
  135
```

15)
```
  + 40
  ─────
  100
```

16)
```
  + 41
  ─────
  59
```

17)
```
  + 13
  ─────
  57
```

18)
```
  + 24
  ─────
  111
```

19)
```
  + 44
  ─────
  101
```

20)
```
  + 49
  ─────
  90
```

21)
```
  + 38
  ─────
  108
```

22)
```
  + 12
  ─────
  96
```

23)
```
  + 11
  ─────
  57
```

24)
```
  + 47
  ─────
  98
```

25)
```
  + 23
  ─────
  58
```

26)
```
  + 13
  ─────
  27
```

27)
```
  + 41
  ─────
  125
```

28)
```
  + 43
  ─────
  132
```

29)
```
  + 47
  ─────
  76
```

30)
```
  + 21
  ─────
  110
```

Name: _____

Date: _____

Time:

Score: /30

Let's do Addition

1)
```
+ 41
─────
  96
```

2)
```
+ 16
─────
  34
```

3)
```
+ 14
─────
  48
```

4)
```
+ 48
─────
 140
```

5)
```
+ 49
─────
 107
```

6)
```
+ 12
─────
  73
```

7)
```
+ 48
─────
  79
```

8)
```
+ 27
─────
  84
```

9)
```
+ 30
─────
  45
```

10)
```
+ 20
─────
  41
```

11)
```
+ 46
─────
 138
```

12)
```
+ 40
─────
  62
```

13)
```
+ 49
─────
 116
```

14)
```
+ 25
─────
  41
```

15)
```
+ 44
─────
 122
```

16)
```
+ 29
─────
 125
```

17)
```
+ 43
─────
 125
```

18)
```
+ 11
─────
  94
```

19)
```
+ 15
─────
  57
```

20)
```
+ 42
─────
 137
```

21)
```
+ 16
─────
  74
```

22)
```
+ 27
─────
  65
```

23)
```
+ 34
─────
 119
```

24)
```
+ 45
─────
 125
```

25)
```
+ 43
─────
 135
```

26)
```
+ 15
─────
  87
```

27)
```
+ 18
─────
  66
```

28)
```
+ 36
─────
  64
```

29)
```
+ 26
─────
  62
```

30)
```
+ 22
─────
  93
```

Page 50

Name: _____

Time:

Date: _____

Score: /30

Let's do Addition

1)
```
  + 28
  ─────
   108
```

2)
```
  + 13
  ─────
    46
```

3)
```
  + 31
  ─────
    59
```

4)
```
  + 25
  ─────
    82
```

5)
```
  + 17
  ─────
    48
```

6)
```
  + 22
  ─────
    57
```

7)
```
  + 19
  ─────
    75
```

8)
```
  + 13
  ─────
   102
```

9)
```
  + 41
  ─────
   129
```

10)
```
  + 15
  ─────
    92
```

11)
```
  + 44
  ─────
   110
```

12)
```
  + 20
  ─────
    67
```

13)
```
  + 37
  ─────
    84
```

14)
```
  + 26
  ─────
   122
```

15)
```
  + 30
  ─────
    82
```

16)
```
  + 18
  ─────
    98
```

17)
```
  + 44
  ─────
    85
```

18)
```
  + 13
  ─────
    87
```

19)
```
  + 39
  ─────
   133
```

20)
```
  + 21
  ─────
    61
```

21)
```
  + 26
  ─────
    94
```

22)
```
  + 34
  ─────
    89
```

23)
```
  + 32
  ─────
    72
```

24)
```
  + 35
  ─────
    71
```

25)
```
  + 12
  ─────
    31
```

26)
```
  + 46
  ─────
    90
```

27)
```
  + 16
  ─────
    56
```

28)
```
  + 42
  ─────
    53
```

29)
```
  + 43
  ─────
    67
```

30)
```
  + 34
  ─────
    51
```

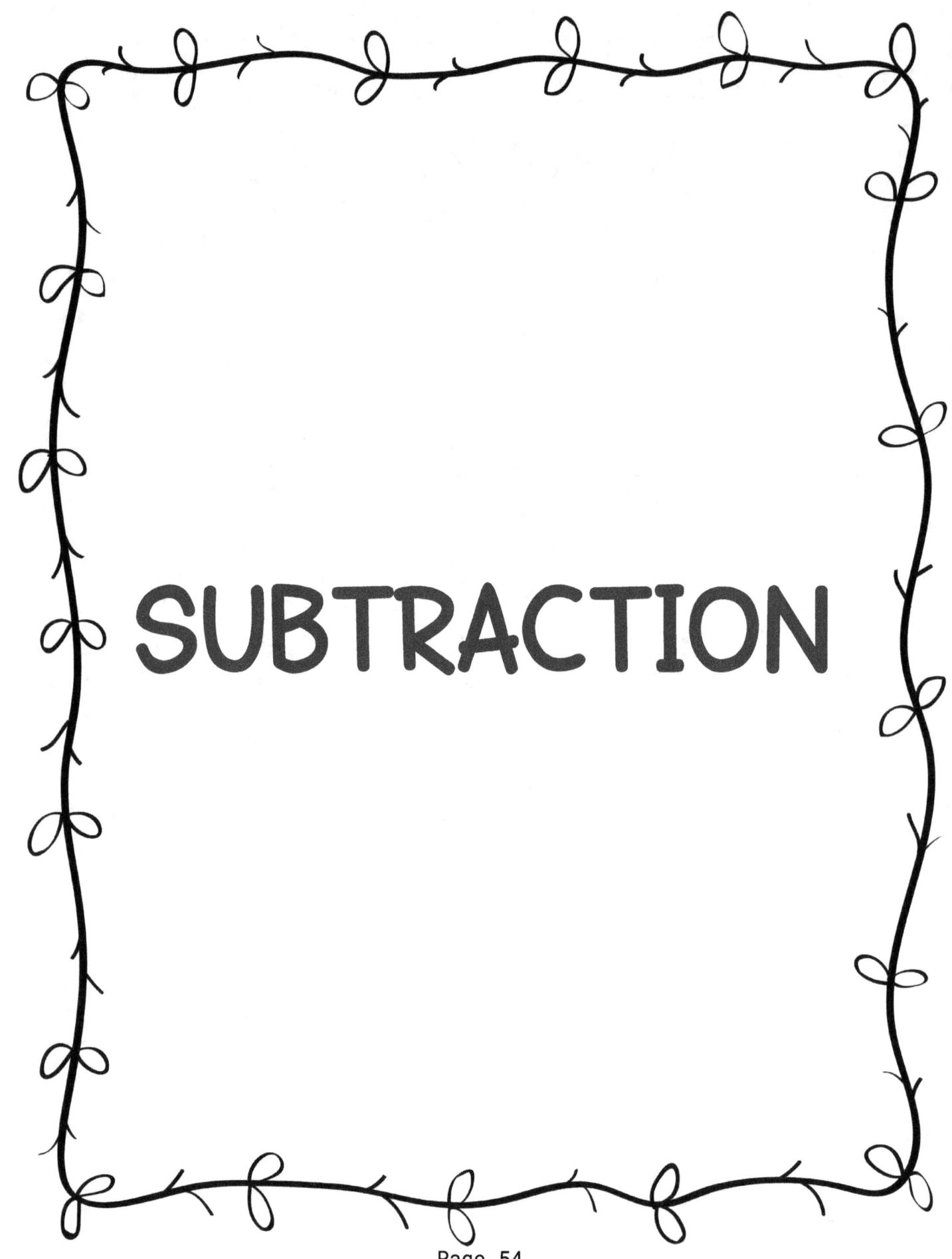

SUBTRACTION

Name: _____

Date: _____

Time:

Score: /30

Let's do Subtraction

1)   82
   − ☐
   ──
    62

2)   20
   − ☐
   ──
     6

3)   93
   − ☐
   ──
    65

4)   22
   − ☐
   ──
    12

5)   51
   − ☐
   ──
    24

6)   77
   − ☐
   ──
    44

7)   47
   − ☐
   ──
    13

8)   95
   − ☐
   ──
    45

9)   85
   − ☐
   ──
    56

10)   96
   − ☐
   ──
    57

11)   88
   − ☐
   ──
    77

12)   66
   − ☐
   ──
    41

13)   58
   − ☐
   ──
     8

14)   61
   − ☐
   ──
    47

15)   43
   − ☐
   ──
    19

16)   88
   − ☐
   ──
    57

17)   60
   − ☐
   ──
    21

18)   56
   − ☐
   ──
    31

19)   86
   − ☐
   ──
    45

20)   79
   − ☐
   ──
    44

21)   93
   − ☐
   ──
    60

22)   88
   − ☐
   ──
    61

23)   99
   − ☐
   ──
    66

24)   98
   − ☐
   ──
    67

25)   27
   − ☐
   ──
    12

26)   50
   − ☐
   ──
     8

27)   58
   − ☐
   ──
    30

28)   90
   − ☐
   ──
    73

29)   72
   − ☐
   ──
    41

30)   86
   − ☐
   ──
    54

Name: _____ **Date:** _____

Time: _____ **Score:** ___ /30

Let's do Subtraction

1)   87
   - ☐
   —————
    69

2)   89
   - ☐
   —————
    79

3)   40
   - ☐
   —————
    14

4)   20
   - ☐
   —————
     3

5)   47
   - ☐
   —————
    22

6)   94
   - ☐
   —————
    48

7)   95
   - ☐
   —————
    56

8)   92
   - ☐
   —————
    76

9)   71
   - ☐
   —————
    57

10)   52
    - ☐
   —————
     15

11)   75
    - ☐
   —————
     57

12)   54
    - ☐
   —————
     13

13)   62
    - ☐
   —————
     48

14)   48
    - ☐
   —————
     33

15)   93
    - ☐
   —————
     45

16)   73
    - ☐
   —————
     29

17)   69
    - ☐
   —————
     42

18)   87
    - ☐
   —————
     52

19)   61
    - ☐
   —————
     42

20)   31
    - ☐
   —————
     13

21)   72
    - ☐
   —————
     44

22)   69
    - ☐
   —————
     58

23)   39
    - ☐
   —————
     18

24)   91
    - ☐
   —————
     51

25)   71
    - ☐
   —————
     59

26)   94
    - ☐
   —————
     70

27)   85
    - ☐
   —————
     61

28)   79
    - ☐
   —————
     29

29)   26
    - ☐
   —————
      5

30)   96
    - ☐
   —————
     68

Name: _____

Time: _____

Date: _____

Score: ___ /30

Let's do Subtraction

1) 78
   − ☐
   ‾‾‾‾
    40

2) 97
   − ☐
   ‾‾‾‾
    71

3) 61
   − ☐
   ‾‾‾‾
    13

4) 92
   − ☐
   ‾‾‾‾
    75

5) 90
   − ☐
   ‾‾‾‾
    47

6) 75
   − ☐
   ‾‾‾‾
    41

7) 49
   − ☐
   ‾‾‾‾
     0

8) 93
   − ☐
   ‾‾‾‾
    48

9) 65
   − ☐
   ‾‾‾‾
    39

10) 50
   − ☐
   ‾‾‾‾
    20

11) 79
   − ☐
   ‾‾‾‾
    30

12) 62
   − ☐
   ‾‾‾‾
    33

13) 81
   − ☐
   ‾‾‾‾
    59

14) 79
   − ☐
   ‾‾‾‾
    41

15) 75
   − ☐
   ‾‾‾‾
    58

16) 52
   − ☐
   ‾‾‾‾
    21

17) 96
   − ☐
   ‾‾‾‾
    67

18) 46
   − ☐
   ‾‾‾‾
     4

19) 70
   − ☐
   ‾‾‾‾
    39

20) 96
   − ☐
   ‾‾‾‾
    53

21) 68
   − ☐
   ‾‾‾‾
    26

22) 88
   − ☐
   ‾‾‾‾
    66

23) 51
   − ☐
   ‾‾‾‾
    11

24) 72
   − ☐
   ‾‾‾‾
    51

25) 31
   − ☐
   ‾‾‾‾
     7

26) 51
   − ☐
   ‾‾‾‾
    19

27) 67
   − ☐
   ‾‾‾‾
    24

28) 32
   − ☐
   ‾‾‾‾
    10

29) 92
   − ☐
   ‾‾‾‾
    62

30) 91
   − ☐
   ‾‾‾‾
    72

Name: _____

Date: _____

Time:

Score: /30

Let's do Subtraction

1) 66
  − ☐
  ‾‾‾‾
   47

2) 69
  − ☐
  ‾‾‾‾
   56

3) 66
  − ☐
  ‾‾‾‾
   46

4) 35
  − ☐
  ‾‾‾‾
   17

5) 98
  − ☐
  ‾‾‾‾
   50

6) 70
  − ☐
  ‾‾‾‾
   38

7) 69
  − ☐
  ‾‾‾‾
   45

8) 23
  − ☐
  ‾‾‾‾
   4

9) 80
  − ☐
  ‾‾‾‾
   67

10) 88
  − ☐
  ‾‾‾‾
   38

11) 54
  − ☐
  ‾‾‾‾
   33

12) 80
  − ☐
  ‾‾‾‾
   36

13) 89
  − ☐
  ‾‾‾‾
   46

14) 63
  − ☐
  ‾‾‾‾
   25

15) 71
  − ☐
  ‾‾‾‾
   56

16) 33
  − ☐
  ‾‾‾‾
   19

17) 88
  − ☐
  ‾‾‾‾
   61

18) 89
  − ☐
  ‾‾‾‾
   63

19) 36
  − ☐
  ‾‾‾‾
   7

20) 38
  − ☐
  ‾‾‾‾
   13

21) 45
  − ☐
  ‾‾‾‾
   17

22) 42
  − ☐
  ‾‾‾‾
   22

23) 30
  − ☐
  ‾‾‾‾
   13

24) 39
  − ☐
  ‾‾‾‾
   0

25) 46
  − ☐
  ‾‾‾‾
   28

26) 40
  − ☐
  ‾‾‾‾
   4

27) 56
  − ☐
  ‾‾‾‾
   20

28) 62
  − ☐
  ‾‾‾‾
   22

29) 56
  − ☐
  ‾‾‾‾
   27

30) 50
  − ☐
  ‾‾‾‾
   31

Name: _____

Time:

Date: _____

Score: /30

Let's do Subtraction

1) 77 − ☐ = 56

2) 57 − ☐ = 19

3) 66 − ☐ = 37

4) 56 − ☐ = 26

5) 64 − ☐ = 47

6) 37 − ☐ = 0

7) 75 − ☐ = 42

8) 46 − ☐ = 32

9) 86 − ☐ = 59

10) 37 − ☐ = 23

11) 74 − ☐ = 37

12) 77 − ☐ = 64

13) 51 − ☐ = 23

14) 50 − ☐ = 5

15) 52 − ☐ = 8

16) 55 − ☐ = 37

17) 25 − ☐ = 11

18) 63 − ☐ = 21

19) 46 − ☐ = 7

20) 79 − ☐ = 45

21) 83 − ☐ = 58

22) 83 − ☐ = 50

23) 78 − ☐ = 52

24) 69 − ☐ = 56

25) 73 − ☐ = 34

26) 65 − ☐ = 28

27) 88 − ☐ = 42

28) 51 − ☐ = 32

29) 99 − ☐ = 68

30) 59 − ☐ = 24

Name: _____ **Date:** _____

Time: **Score:** /30

Let's do Subtraction

1)
```
  98
-[  ]
――――
  48
```

2)
```
  73
-[  ]
――――
  41
```

3)
```
  21
-[  ]
――――
   0
```

4)
```
  99
-[  ]
――――
  80
```

5)
```
  51
-[  ]
――――
  15
```

6)
```
  44
-[  ]
――――
   7
```

7)
```
  77
-[  ]
――――
  28
```

8)
```
  95
-[  ]
――――
  66
```

9)
```
  44
-[  ]
――――
  20
```

10)
```
  69
-[  ]
――――
  54
```

11)
```
  36
-[  ]
――――
  13
```

12)
```
  72
-[  ]
――――
  58
```

13)
```
  80
-[  ]
――――
  58
```

14)
```
  79
-[  ]
――――
  33
```

15)
```
  58
-[  ]
――――
  46
```

16)
```
  91
-[  ]
――――
  65
```

17)
```
  43
-[  ]
――――
  22
```

18)
```
  80
-[  ]
――――
  32
```

19)
```
  53
-[  ]
――――
  30
```

20)
```
  66
-[  ]
――――
  34
```

21)
```
  84
-[  ]
――――
  35
```

22)
```
  30
-[  ]
――――
   6
```

23)
```
  53
-[  ]
――――
  27
```

24)
```
  34
-[  ]
――――
  11
```

25)
```
  83
-[  ]
――――
  43
```

26)
```
  86
-[  ]
――――
  71
```

27)
```
  94
-[  ]
――――
  44
```

28)
```
  68
-[  ]
――――
  39
```

29)
```
  77
-[  ]
――――
  37
```

30)
```
  86
-[  ]
――――
  41
```

Name: _____   **Date:** _____

Time: ____   **Score:** ____ /30

Let's do Subtraction

1) 14
 −☐
 ‾‾‾‾
  3

2) 75
 −☐
 ‾‾‾‾
 32

3) 54
 −☐
 ‾‾‾‾
 41

4) 92
 −☐
 ‾‾‾‾
 49

5) 88
 −☐
 ‾‾‾‾
 60

6) 34
 −☐
 ‾‾‾‾
 14

7) 79
 −☐
 ‾‾‾‾
 42

8) 87
 −☐
 ‾‾‾‾
 39

9) 50
 −☐
 ‾‾‾‾
 40

10) 23
 −☐
 ‾‾‾‾
  0

11) 96
 −☐
 ‾‾‾‾
 77

12) 86
 −☐
 ‾‾‾‾
 51

13) 64
 −☐
 ‾‾‾‾
 23

14) 80
 −☐
 ‾‾‾‾
 45

15) 99
 −☐
 ‾‾‾‾
 68

16) 96
 −☐
 ‾‾‾‾
 57

17) 96
 −☐
 ‾‾‾‾
 54

18) 41
 −☐
 ‾‾‾‾
  0

19) 49
 −☐
 ‾‾‾‾
 14

20) 46
 −☐
 ‾‾‾‾
 15

21) 77
 −☐
 ‾‾‾‾
 28

22) 75
 −☐
 ‾‾‾‾
 36

23) 26
 −☐
 ‾‾‾‾
  6

24) 59
 −☐
 ‾‾‾‾
 42

25) 81
 −☐
 ‾‾‾‾
 46

26) 68
 −☐
 ‾‾‾‾
 22

27) 51
 −☐
 ‾‾‾‾
 28

28) 19
 −☐
 ‾‾‾‾
  4

29) 49
 −☐
 ‾‾‾‾
 34

30) 95
 −☐
 ‾‾‾‾
 46

Name: _____ **Date:** _____

Time: _____ **Score:** ___ /30

Let's do Subtraction

1)   87
   −[ ]
    65

2)   42
   −[ ]
    24

3)   96
   −[ ]
    60

4)   17
   −[ ]
     2

5)   89
   −[ ]
    47

6)   81
   −[ ]
    63

7)   56
   −[ ]
    18

8)   72
   −[ ]
    48

9)   77
   −[ ]
    42

10)   92
   −[ ]
    58

11)   94
   −[ ]
    69

12)   66
   −[ ]
    20

13)   90
   −[ ]
    54

14)   43
   −[ ]
    26

15)   68
   −[ ]
    53

16)   73
   −[ ]
    54

17)   24
   −[ ]
     9

18)   86
   −[ ]
    65

19)   61
   −[ ]
    20

20)   42
   −[ ]
    32

21)   46
   −[ ]
     0

22)   54
   −[ ]
    23

23)   68
   −[ ]
    25

24)   47
   −[ ]
     5

25)   51
   −[ ]
    20

26)   71
   −[ ]
    47

27)   66
   −[ ]
    30

28)   69
   −[ ]
    19

29)   85
   −[ ]
    68

30)   80
   −[ ]
    57

Name: _____   Date: _____

Time: _____   Score: /30

Let's do Subtraction

1) 80 - ___ = 38   2) 94 - ___ = 60   3) 90 - ___ = 80

4) 72 - ___ = 53   5) 92 - ___ = 76   6) 36 - ___ = 3

7) 40 - ___ = 20   8) 94 - ___ = 67   9) 84 - ___ = 69

10) 72 - ___ = 43   11) 24 - ___ = 6   12) 58 - ___ = 47

13) 37 - ___ = 5   14) 48 - ___ = 17   15) 76 - ___ = 57

16) 68 - ___ = 57   17) 88 - ___ = 67   18) 75 - ___ = 35

19) 79 - ___ = 57   20) 30 - ___ = 2   21) 33 - ___ = 23

22) 61 - ___ = 12   23) 95 - ___ = 63   24) 42 - ___ = 20

25) 68 - ___ = 25   26) 73 - ___ = 46   27) 34 - ___ = 18

28) 75 - ___ = 53   29) 66 - ___ = 38   30) 61 - ___ = 27

Name: _____

Date: _____

Time:

Score: /30

Let's do Subtraction

1) 50 − ____ = 38

2) 70 − ____ = 40

3) 64 − ____ = 27

4) 87 − ____ = 68

5) 30 − ____ = 14

6) 89 − ____ = 47

7) 32 − ____ = 12

8) 62 − ____ = 21

9) 34 − ____ = 11

10) 51 − ____ = 13

11) 49 − ____ = 24

12) 92 − ____ = 55

13) 72 − ____ = 54

14) 73 − ____ = 55

15) 45 − ____ = 14

16) 51 − ____ = 35

17) 80 − ____ = 60

18) 93 − ____ = 44

19) 70 − ____ = 47

20) 81 − ____ = 37

21) 81 − ____ = 65

22) 91 − ____ = 75

23) 64 − ____ = 49

24) 81 − ____ = 52

25) 81 − ____ = 53

26) 43 − ____ = 0

27) 87 − ____ = 57

28) 78 − ____ = 64

29) 68 − ____ = 26

30) 87 − ____ = 37

Name: _____ Date: _____

Time: Score: /30

Let's do Subtraction

1) 20 - _____ = 10
2) 47 - _____ = 37
3) 47 - _____ = 9

4) 82 - _____ = 50
5) 58 - _____ = 34
6) 53 - _____ = 16

7) 58 - _____ = 22
8) 80 - _____ = 35
9) 25 - _____ = 12

10) 52 - _____ = 15
11) 69 - _____ = 52
12) 88 - _____ = 58

13) 49 - _____ = 18
14) 69 - _____ = 28
15) 89 - _____ = 69

16) 62 - _____ = 14
17) 78 - _____ = 28
18) 86 - _____ = 69

19) 56 - _____ = 16
20) 99 - _____ = 80
21) 77 - _____ = 42

22) 73 - _____ = 55
23) 98 - _____ = 70
24) 33 - _____ = 16

25) 51 - _____ = 37
26) 53 - _____ = 17
27) 63 - _____ = 47

28) 79 - _____ = 35
29) 34 - _____ = 10
30) 44 - _____ = 13

Name: _____

Time:

Date: _____

Score: /30

Let's do Subtraction

1) 62 – _____ = 34 2) 99 – _____ = 85 3) 99 – _____ = 77

4) 48 – _____ = 2 5) 86 – _____ = 68 6) 90 – _____ = 75

7) 64 – _____ = 48 8) 20 – _____ = 0 9) 75 – _____ = 37

10) 35 – _____ = 0 11) 42 – _____ = 21 12) 61 – _____ = 15

13) 62 – _____ = 20 14) 85 – _____ = 74 15) 80 – _____ = 54

16) 66 – _____ = 33 17) 94 – _____ = 70 18) 53 – _____ = 39

19) 18 – _____ = 3 20) 50 – _____ = 30 21) 25 – _____ = 15

22) 51 – _____ = 32 23) 77 – _____ = 42 24) 96 – _____ = 49

25) 64 – _____ = 17 26) 92 – _____ = 66 27) 86 – _____ = 56

28) 55 – _____ = 7 29) 27 – _____ = 11 30) 84 – _____ = 38

Name: _____   Date: _____

Time: Score: /30

Let's do Subtraction

1) 52 -   = 19   2) 94 -   = 76   3) 59 -   = 10

4) 52 -   = 2   5) 86 -   = 67   6) 63 -   = 45

7) 49 -   = 0   8) 56 -   = 8   9) 93 -   = 50

10) 92 -   = 59   11) 81 -   = 64   12) 64 -   = 42

13) 61 -   = 47   14) 79 -   = 46   15) 89 -   = 44

16) 72 -   = 59   17) 99 -   = 64   18) 70 -   = 46

19) 41 -   = 5   20) 97 -   = 68   21) 98 -   = 75

22) 35 -   = 5   23) 23 -   = 7   24) 93 -   = 75

25) 76 -   = 30   26) 93 -   = 54   27) 97 -   = 78

28) 56 -   = 29   29) 48 -   = 3   30) 62 -   = 50

Name: _____

Date: _____

Time:

Score: /30

Let's do Subtraction

1) 86 − _____ = 73 2) 73 − _____ = 57 3) 66 − _____ = 34

4) 68 − _____ = 44 5) 57 − _____ = 39 6) 41 − _____ = 24

7) 25 − _____ = 11 8) 71 − _____ = 57 9) 28 − _____ = 0

10) 26 − _____ = 10 11) 86 − _____ = 74 12) 93 − _____ = 57

13) 61 − _____ = 46 14) 59 − _____ = 43 15) 90 − _____ = 63

16) 67 − _____ = 32 17) 23 − _____ = 8 18) 39 − _____ = 23

19) 70 − _____ = 52 20) 56 − _____ = 26 21) 56 − _____ = 15

22) 64 − _____ = 20 23) 38 − _____ = 15 24) 69 − _____ = 44

25) 58 − _____ = 18 26) 87 − _____ = 50 27) 94 − _____ = 49

28) 35 − _____ = 11 29) 75 − _____ = 61 30) 88 − _____ = 52

Name: _____   Date: _____

Time: Score: /30

Let's do Subtraction

1) 77 - ___ = 56   2) 99 - ___ = 76   3) 69 - ___ = 34

4) 59 - ___ = 47   5) 94 - ___ = 84   6) 37 - ___ = 27

7) 93 - ___ = 53   8) 41 - ___ = 30   9) 58 - ___ = 48

10) 70 - ___ = 29   11) 37 - ___ = 26   12) 52 - ___ = 42

13) 44 - ___ = 13   14) 62 - ___ = 32   15) 87 - ___ = 45

16) 47 - ___ = 20   17) 30 - ___ = 12   18) 39 - ___ = 10

19) 52 - ___ = 42   20) 99 - ___ = 68   21) 83 - ___ = 67

22) 52 - ___ = 31   23) 47 - ___ = 19   24) 18 - ___ = 7

25) 47 - ___ = 26   26) 33 - ___ = 20   27) 29 - ___ = 2

28) 97 - ___ = 70   29) 98 - ___ = 76   30) 92 - ___ = 59

Name: _____

Date: _____

Time:

Score: /30

Let's do Subtraction

1) 38 -   = 24   2)   65 -   = 16   3)   34 -   = 21

4) 94 -   = 49   5)   81 -   = 44   6)   67 -   = 25

7) 70 -   = 37   8)   48 -   = 5   9)   22 -   = 4

10) 98 -   = 85   11)   29 -   = 11   12)   76 -   = 27

13) 59 -   = 13   14)   97 -   = 64   15)   80 -   = 40

16) 81 -   = 36   17)   24 -   = 3   18)   99 -   = 57

19) 46 -   = 22   20)   53 -   = 25   21)   43 -   = 27

22) 62 -   = 32   23)   17 -   = 3   24)   35 -   = 11

25) 31 -   = 2   26)   63 -   = 47   27)   98 -   = 62

28) 93 -   = 52   29)   59 -   = 19   30)   29 -   = 18

Name: _____

Date: _____

Time: _____

Score: __ /30

Let's do Subtraction

1)
$$97 - 83$$

2)
$$77 - 33$$

3)
$$44 - 30$$

4)
$$33 - 5$$

5)
$$69 - 51$$

6)
$$71 - 33$$

7)
$$53 - 32$$

8)
$$60 - 40$$

9)
$$80 - 68$$

10)
$$69 - 20$$

11)
$$59 - 28$$

12)
$$58 - 12$$

13)
$$45 - 0$$

14)
$$98 - 81$$

15)
$$48 - 28$$

16)
$$65 - 49$$

17)
$$38 - 24$$

18)
$$60 - 22$$

19)
$$45 - 20$$

20)
$$58 - 20$$

21)
$$56 - 17$$

22)
$$89 - 70$$

23)
$$34 - 20$$

24)
$$62 - 23$$

25)
$$79 - 42$$

26)
$$49 - 27$$

27)
$$56 - 18$$

28)
$$75 - 61$$

29)
$$98 - 79$$

30)
$$47 - 31$$

Name: _____

Date: _____

Time:

Score: /30

Let's do Subtraction

1) 46
  − 29

2) 76
  − 29

3) 38
  − 17

4) 25
  − 2

5) 92
  − 46

6) 53
  − 28

7) 65
  − 47

8) 60
  − 10

9) 19
  − 7

10) 49
  − 30

11) 47
  − 27

12) 45
  − 4

13) 96
  − 62

14) 83
  − 52

15) 52
  − 37

16) 33
  − 13

17) 55
  − 37

18) 95
  − 65

19) 82
  − 49

20) 78
  − 57

21) 80
  − 60

22) 47
  − 8

23) 80
  − 60

24) 82
  − 63

25) 74
  − 46

26) 55
  − 36

27) 45
  − 16

28) 89
  − 74

29) 73
  − 33

30) 49
  − 18

Name: _____

Date: _____

Time: _____

Score: ___ /30

Let's do Subtraction

1)
$$\begin{array}{r} 65 \\ - \\ \hline 45 \end{array}$$

2)
$$\begin{array}{r} 84 \\ - \\ \hline 47 \end{array}$$

3)
$$\begin{array}{r} 33 \\ - \\ \hline 19 \end{array}$$

4)
$$\begin{array}{r} 59 \\ - \\ \hline 38 \end{array}$$

5)
$$\begin{array}{r} 64 \\ - \\ \hline 38 \end{array}$$

6)
$$\begin{array}{r} 43 \\ - \\ \hline 19 \end{array}$$

7)
$$\begin{array}{r} 65 \\ - \\ \hline 19 \end{array}$$

8)
$$\begin{array}{r} 78 \\ - \\ \hline 59 \end{array}$$

9)
$$\begin{array}{r} 50 \\ - \\ \hline 26 \end{array}$$

10)
$$\begin{array}{r} 70 \\ - \\ \hline 52 \end{array}$$

11)
$$\begin{array}{r} 49 \\ - \\ \hline 3 \end{array}$$

12)
$$\begin{array}{r} 68 \\ - \\ \hline 57 \end{array}$$

13)
$$\begin{array}{r} 85 \\ - \\ \hline 36 \end{array}$$

14)
$$\begin{array}{r} 97 \\ - \\ \hline 86 \end{array}$$

15)
$$\begin{array}{r} 92 \\ - \\ \hline 45 \end{array}$$

16)
$$\begin{array}{r} 49 \\ - \\ \hline 34 \end{array}$$

17)
$$\begin{array}{r} 81 \\ - \\ \hline 57 \end{array}$$

18)
$$\begin{array}{r} 32 \\ - \\ \hline 15 \end{array}$$

19)
$$\begin{array}{r} 36 \\ - \\ \hline 23 \end{array}$$

20)
$$\begin{array}{r} 27 \\ - \\ \hline 0 \end{array}$$

21)
$$\begin{array}{r} 98 \\ - \\ \hline 73 \end{array}$$

22)
$$\begin{array}{r} 27 \\ - \\ \hline 9 \end{array}$$

23)
$$\begin{array}{r} 91 \\ - \\ \hline 58 \end{array}$$

24)
$$\begin{array}{r} 51 \\ - \\ \hline 3 \end{array}$$

25)
$$\begin{array}{r} 90 \\ - \\ \hline 52 \end{array}$$

26)
$$\begin{array}{r} 57 \\ - \\ \hline 16 \end{array}$$

27)
$$\begin{array}{r} 25 \\ - \\ \hline 0 \end{array}$$

28)
$$\begin{array}{r} 87 \\ - \\ \hline 68 \end{array}$$

29)
$$\begin{array}{r} 31 \\ - \\ \hline 4 \end{array}$$

30)
$$\begin{array}{r} 58 \\ - \\ \hline 43 \end{array}$$

Name: _____

Date: _____

Time: _____

Score: ____ /30

Let's do Subtraction

1) 67
    − 41

2) 96
    − 52

3) 55
    − 19

4) 66
    − 24

5) 78
    − 32

6) 76
    − 40

7) 55
    − 41

8) 41
    − 29

9) 93
    − 82

10) 80
    − 58

11) 37
    − 14

12) 75
    − 32

13) 89
    − 79

14) 79
    − 52

15) 71
    − 34

16) 50
    − 2

17) 55
    − 22

18) 54
    − 36

19) 98
    − 55

20) 98
    − 65

21) 61
    − 34

22) 56
    − 34

23) 90
    − 55

24) 53
    − 16

25) 86
    − 52

26) 96
    − 51

27) 72
    − 58

28) 48
    − 14

29) 54
    − 18

30) 80
    − 49

Name: _____

Date: _____

Time: _____

Score: _____ /30

Let's do Subtraction

1)
```
  76
-
  60
```

2)
```
  60
-
  24
```

3)
```
  54
-
  16
```

4)
```
  50
-
  39
```

5)
```
  61
-
  29
```

6)
```
  50
-
  39
```

7)
```
  78
-
  32
```

8)
```
  47
-
  26
```

9)
```
  59
-
  44
```

10)
```
  33
-
  16
```

11)
```
  22
-
  11
```

12)
```
  36
-
  6
```

13)
```
  72
-
  45
```

14)
```
  90
-
  54
```

15)
```
  52
-
  21
```

16)
```
  83
-
  68
```

17)
```
  71
-
  46
```

18)
```
  51
-
  25
```

19)
```
  36
-
  8
```

20)
```
  78
-
  51
```

21)
```
  17
-
  7
```

22)
```
  79
-
  37
```

23)
```
  53
-
  13
```

24)
```
  49
-
  14
```

25)
```
  64
-
  25
```

26)
```
  74
-
  56
```

27)
```
  85
-
  37
```

28)
```
  45
-
  34
```

29)
```
  38
-
  2
```

30)
```
  67
-
  26
```

Name: _____

Date: _____

Time:

Score: /30

Let's do Subtraction

1)
```
   72
 -
   29
```

2)
```
   22
 -
    5
```

3)
```
   35
 -
    4
```

4)
```
   83
 -
   45
```

5)
```
   47
 -
   31
```

6)
```
   60
 -
   49
```

7)
```
   69
 -
   30
```

8)
```
   79
 -
   61
```

9)
```
   94
 -
   59
```

10)
```
   33
 -
    1
```

11)
```
   92
 -
   56
```

12)
```
   26
 -
    2
```

13)
```
   74
 -
   40
```

14)
```
   63
 -
   22
```

15)
```
   52
 -
   28
```

16)
```
   82
 -
   68
```

17)
```
   63
 -
   23
```

18)
```
   69
 -
   31
```

19)
```
   70
 -
   24
```

20)
```
   71
 -
   42
```

21)
```
   81
 -
   61
```

22)
```
   74
 -
   34
```

23)
```
   66
 -
   38
```

24)
```
   49
 -
   24
```

25)
```
   42
 -
    4
```

26)
```
   83
 -
   44
```

27)
```
   76
 -
   48
```

28)
```
   72
 -
   51
```

29)
```
   95
 -
   77
```

30)
```
   78
 -
   43
```

Name: _____

Date: _____

Time:

Score: /30

Let's do Subtraction

1)
$$\begin{array}{r} 68 \\ - \\ \hline 25 \end{array}$$

2)
$$\begin{array}{r} 59 \\ - \\ \hline 31 \end{array}$$

3)
$$\begin{array}{r} 98 \\ - \\ \hline 84 \end{array}$$

4)
$$\begin{array}{r} 70 \\ - \\ \hline 29 \end{array}$$

5)
$$\begin{array}{r} 24 \\ - \\ \hline 4 \end{array}$$

6)
$$\begin{array}{r} 65 \\ - \\ \hline 37 \end{array}$$

7)
$$\begin{array}{r} 99 \\ - \\ \hline 72 \end{array}$$

8)
$$\begin{array}{r} 65 \\ - \\ \hline 35 \end{array}$$

9)
$$\begin{array}{r} 50 \\ - \\ \hline 26 \end{array}$$

10)
$$\begin{array}{r} 86 \\ - \\ \hline 63 \end{array}$$

11)
$$\begin{array}{r} 92 \\ - \\ \hline 63 \end{array}$$

12)
$$\begin{array}{r} 60 \\ - \\ \hline 40 \end{array}$$

13)
$$\begin{array}{r} 49 \\ - \\ \hline 9 \end{array}$$

14)
$$\begin{array}{r} 51 \\ - \\ \hline 32 \end{array}$$

15)
$$\begin{array}{r} 16 \\ - \\ \hline 6 \end{array}$$

16)
$$\begin{array}{r} 89 \\ - \\ \hline 44 \end{array}$$

17)
$$\begin{array}{r} 58 \\ - \\ \hline 41 \end{array}$$

18)
$$\begin{array}{r} 55 \\ - \\ \hline 8 \end{array}$$

19)
$$\begin{array}{r} 94 \\ - \\ \hline 71 \end{array}$$

20)
$$\begin{array}{r} 52 \\ - \\ \hline 14 \end{array}$$

21)
$$\begin{array}{r} 80 \\ - \\ \hline 58 \end{array}$$

22)
$$\begin{array}{r} 86 \\ - \\ \hline 76 \end{array}$$

23)
$$\begin{array}{r} 47 \\ - \\ \hline 14 \end{array}$$

24)
$$\begin{array}{r} 63 \\ - \\ \hline 40 \end{array}$$

25)
$$\begin{array}{r} 54 \\ - \\ \hline 19 \end{array}$$

26)
$$\begin{array}{r} 58 \\ - \\ \hline 31 \end{array}$$

27)
$$\begin{array}{r} 96 \\ - \\ \hline 54 \end{array}$$

28)
$$\begin{array}{r} 33 \\ - \\ \hline 2 \end{array}$$

29)
$$\begin{array}{r} 88 \\ - \\ \hline 54 \end{array}$$

30)
$$\begin{array}{r} 71 \\ - \\ \hline 53 \end{array}$$

Name: _____

Time:

Date: _____

Score: /30

Let's do Subtraction

1) $\begin{array}{r} 28 \\ -\ 15 \\ \hline \end{array}$

2) $\begin{array}{r} 78 \\ -\ 10 \\ \hline \end{array}$

3) $\begin{array}{r} 52 \\ -\ 15 \\ \hline \end{array}$

4) $\begin{array}{r} 33 \\ -\ 22 \\ \hline \end{array}$

5) $\begin{array}{r} 80 \\ -\ 11 \\ \hline \end{array}$

6) $\begin{array}{r} 67 \\ -\ 34 \\ \hline \end{array}$

7) $\begin{array}{r} 41 \\ -\ 30 \\ \hline \end{array}$

8) $\begin{array}{r} 71 \\ -\ 14 \\ \hline \end{array}$

9) $\begin{array}{r} 95 \\ -\ 31 \\ \hline \end{array}$

10) $\begin{array}{r} 45 \\ -\ 11 \\ \hline \end{array}$

11) $\begin{array}{r} 95 \\ -\ 39 \\ \hline \end{array}$

12) $\begin{array}{r} 30 \\ -\ 23 \\ \hline \end{array}$

13) $\begin{array}{r} 55 \\ -\ 22 \\ \hline \end{array}$

14) $\begin{array}{r} 68 \\ -\ 33 \\ \hline \end{array}$

15) $\begin{array}{r} 98 \\ -\ 23 \\ \hline \end{array}$

16) $\begin{array}{r} 94 \\ -\ 27 \\ \hline \end{array}$

17) $\begin{array}{r} 37 \\ -\ 29 \\ \hline \end{array}$

18) $\begin{array}{r} 85 \\ -\ 21 \\ \hline \end{array}$

19) $\begin{array}{r} 56 \\ -\ 36 \\ \hline \end{array}$

20) $\begin{array}{r} 28 \\ -\ 20 \\ \hline \end{array}$

21) $\begin{array}{r} 93 \\ -\ 29 \\ \hline \end{array}$

22) $\begin{array}{r} 53 \\ -\ 17 \\ \hline \end{array}$

23) $\begin{array}{r} 45 \\ -\ 35 \\ \hline \end{array}$

24) $\begin{array}{r} 58 \\ -\ 37 \\ \hline \end{array}$

25) $\begin{array}{r} 71 \\ -\ 46 \\ \hline \end{array}$

26) $\begin{array}{r} 99 \\ -\ 38 \\ \hline \end{array}$

27) $\begin{array}{r} 46 \\ -\ 24 \\ \hline \end{array}$

28) $\begin{array}{r} 69 \\ -\ 26 \\ \hline \end{array}$

29) $\begin{array}{r} 94 \\ -\ 29 \\ \hline \end{array}$

30) $\begin{array}{r} 53 \\ -\ 23 \\ \hline \end{array}$

Name: _____ **Date:** _____

Time: **Score:** /30

Let's do Subtraction

1)   59
   − 28
   _____

2)   88
   − 44
   _____

3)   76
   − 25
   _____

4)   92
   − 35
   _____

5)   62
   − 31
   _____

6)   46
   − 15
   _____

7)   28
   − 10
   _____

8)   14
   − 11
   _____

9)   21
   − 15
   _____

10)   67
   − 14
   _____

11)   68
   − 39
   _____

12)   53
   − 46
   _____

13)   71
   − 24
   _____

14)   77
   − 21
   _____

15)   86
   − 44
   _____

16)   93
   − 25
   _____

17)   34
   − 20
   _____

18)   41
   − 30
   _____

19)   31
   − 21
   _____

20)   44
   − 16
   _____

21)   71
   − 15
   _____

22)   64
   − 49
   _____

23)   29
   − 27
   _____

24)   70
   − 22
   _____

25)   29
   − 10
   _____

26)   74
   − 35
   _____

27)   43
   − 20
   _____

28)   58
   − 29
   _____

29)   99
   − 35
   _____

30)   44
   − 36
   _____

Name: _____   Date: _____

Time: Score: /30

Let's do Subtraction

1)
```
  93
- 24
```

2)
```
  56
- 23
```

3)
```
  66
- 42
```

4)
```
  76
- 50
```

5)
```
  95
- 40
```

6)
```
  21
- 21
```

7)
```
  92
- 45
```

8)
```
  99
- 50
```

9)
```
  27
- 15
```

10)
```
  93
- 47
```

11)
```
  91
- 11
```

12)
```
  38
- 12
```

13)
```
  85
- 30
```

14)
```
  79
- 45
```

15)
```
  57
- 13
```

16)
```
  83
- 18
```

17)
```
  84
- 50
```

18)
```
  50
- 12
```

19)
```
  78
- 26
```

20)
```
  86
- 29
```

21)
```
  65
- 43
```

22)
```
  16
- 15
```

23)
```
  61
- 29
```

24)
```
  74
- 38
```

25)
```
  36
- 36
```

26)
```
  96
- 36
```

27)
```
  90
- 22
```

28)
```
  77
- 11
```

29)
```
  57
- 26
```

30)
```
  80
- 29
```

Name: _____ **Date:** _____

Time: **Score:** ___ /30

Let's do Subtraction

1) 87
   − 24

2) 41
   − 40

3) 82
   − 40

4) 74
   − 32

5) 63
   − 20

6) 50
   − 34

7) 82
   − 43

8) 31
   − 22

9) 99
   − 15

10) 16
    − 16

11) 93
    − 42

12) 88
    − 20

13) 89
    − 27

14) 91
    − 44

15) 46
    − 19

16) 87
    − 43

17) 67
    − 19

18) 66
    − 22

19) 73
    − 24

20) 72
    − 20

21) 94
    − 13

22) 64
    − 38

23) 96
    − 35

24) 81
    − 13

25) 74
    − 33

26) 69
    − 32

27) 81
    − 18

28) 79
    − 18

29) 53
    − 48

30) 34
    − 33

Name: _____

Time:

Date: _____

Score: /30

Let's do Subtraction

1) 83
  − 44

2) 69
  − 10

3) 75
  − 15

4) 81
  − 41

5) 77
  − 19

6) 94
  − 34

7) 99
  − 16

8) 73
  − 33

9) 98
  − 23

10) 94
  − 49

11) 61
  − 19

12) 89
  − 34

13) 70
  − 50

14) 84
  − 49

15) 62
  − 18

16) 67
  − 49

17) 94
  − 24

18) 92
  − 43

19) 64
  − 12

20) 57
  − 43

21) 78
  − 43

22) 89
  − 31

23) 74
  − 10

24) 15
  − 15

25) 48
  − 41

26) 27
  − 14

27) 96
  − 18

28) 31
  − 20

29) 21
  − 21

30) 51
  − 25

Name: _____ **Date:** _____

Time: **Score:** /30

Let's do Subtraction

1) 21
  − 21

2) 35
  − 17

3) 71
  − 29

4) 65
  − 41

5) 61
  − 40

6) 67
  − 49

7) 37
  − 11

8) 53
  − 37

9) 78
  − 19

10) 55
   − 47

11) 91
   − 19

12) 39
   − 11

13) 79
   − 38

14) 23
   − 13

15) 98
   − 46

16) 65
   − 15

17) 31
   − 18

18) 71
   − 33

19) 94
   − 24

20) 87
   − 19

21) 69
   − 13

22) 45
   − 15

23) 86
   − 36

24) 92
   − 33

25) 94
   − 46

26) 26
   − 16

27) 53
   − 21

28) 35
   − 22

29) 28
   − 17

30) 75
   − 29

Name: _____

Date: _____

Time:

Score: /30

Let's do Subtraction

1) 99
  - 26

2) 93
  - 46

3) 42
  - 42

4) 46
  - 41

5) 46
  - 31

6) 24
  - 20

7) 82
  - 21

8) 91
  - 37

9) 89
  - 34

10) 54
   - 48

11) 91
   - 50

12) 65
   - 11

13) 88
   - 19

14) 78
   - 31

15) 33
   - 31

16) 58
   - 27

17) 87
   - 46

18) 78
   - 47

19) 33
   - 14

20) 97
   - 15

21) 99
   - 50

22) 89
   - 36

23) 93
   - 25

24) 66
   - 49

25) 12
   - 12

26) 60
   - 47

27) 88
   - 19

28) 91
   - 49

29) 95
   - 43

30) 95
   - 19

Name: _____ **Date:** _____

Time: **Score:** /30

Let's do Subtraction

1)
```
  37
-
  14
```

2)
```
  21
-
   7
```

3)
```
  70
-
  46
```

4)
```
  41
-
  25
```

5)
```
  98
-
  76
```

6)
```
  48
-
  32
```

7)
```
  88
-
  53
```

8)
```
  75
-
  25
```

9)
```
  72
-
  43
```

10)
```
  97
-
  67
```

11)
```
  57
-
  31
```

12)
```
  84
-
  47
```

13)
```
  60
-
  12
```

14)
```
  22
-
   7
```

15)
```
  50
-
  20
```

16)
```
  70
-
  25
```

17)
```
  77
-
  29
```

18)
```
  31
-
   3
```

19)
```
  56
-
   8
```

20)
```
  59
-
  32
```

21)
```
  79
-
  38
```

22)
```
  66
-
  30
```

23)
```
  75
-
  50
```

24)
```
  59
-
  17
```

25)
```
  45
-
  33
```

26)
```
  41
-
  30
```

27)
```
  57
-
  42
```

28)
```
  57
-
  35
```

29)
```
  61
-
  14
```

30)
```
  42
-
  10
```

Name: _____

Date: _____

Time:

Score: /30

Let's do Subtraction

1)
```
  41
-
   0
```

2)
```
  75
-
  46
```

3)
```
  45
-
   1
```

4)
```
  51
-
  41
```

5)
```
  90
-
  68
```

6)
```
  53
-
  42
```

7)
```
  70
-
  60
```

8)
```
  86
-
  49
```

9)
```
  30
-
   9
```

10)
```
  89
-
  47
```

11)
```
  72
-
  27
```

12)
```
  85
-
  44
```

13)
```
  89
-
  69
```

14)
```
  50
-
   7
```

15)
```
  66
-
  39
```

16)
```
  45
-
  14
```

17)
```
  75
-
  45
```

18)
```
  62
-
  12
```

19)
```
  94
-
  68
```

20)
```
  75
-
  35
```

21)
```
  35
-
  16
```

22)
```
  76
-
  52
```

23)
```
  81
-
  59
```

24)
```
  86
-
  37
```

25)
```
  71
-
  36
```

26)
```
  78
-
  45
```

27)
```
  54
-
  10
```

28)
```
  43
-
  30
```

29)
```
  71
-
  43
```

30)
```
  69
-
  53
```

Name: _____   **Date:** _____

Time: **Score:** /30

Let's do Subtraction

1)
```
  94
-
  44
```

2)
```
  54
-
  26
```

3)
```
  50
-
   9
```

4)
```
  72
-
  50
```

5)
```
  90
-
  66
```

6)
```
  52
-
  27
```

7)
```
  32
-
   7
```

8)
```
  37
-
   2
```

9)
```
  92
-
  69
```

10)
```
  78
-
  62
```

11)
```
  66
-
  39
```

12)
```
  31
-
   1
```

13)
```
  22
-
   8
```

14)
```
  72
-
  59
```

15)
```
  70
-
  20
```

16)
```
  51
-
  27
```

17)
```
  92
-
  67
```

18)
```
  73
-
  57
```

19)
```
  42
-
   3
```

20)
```
  89
-
  67
```

21)
```
  69
-
  51
```

22)
```
  99
-
  78
```

23)
```
  69
-
  28
```

24)
```
  91
-
  45
```

25)
```
  72
-
  49
```

26)
```
  88
-
  49
```

27)
```
  42
-
  30
```

28)
```
  78
-
  62
```

29)
```
  60
-
  22
```

30)
```
  72
-
  34
```

Name: _____   **Date:** _____

Time: **Score: /30**

Let's do Subtraction

1)
```
   43
-   3
```

2)
```
   64
-  43
```

3)
```
   91
-  42
```

4)
```
   98
-  51
```

5)
```
   55
-  23
```

6)
```
   73
-  25
```

7)
```
   49
-  20
```

8)
```
   74
-  43
```

9)
```
   86
-  38
```

10)
```
   43
-  24
```

11)
```
   88
-  78
```

12)
```
   45
-  15
```

13)
```
   76
-  38
```

14)
```
   77
-  41
```

15)
```
   56
-  37
```

16)
```
   77
-  65
```

17)
```
   50
-  23
```

18)
```
   56
-  27
```

19)
```
   86
-  60
```

20)
```
   91
-  71
```

21)
```
   64
-  26
```

22)
```
   60
-  22
```

23)
```
   63
-  36
```

24)
```
   89
-  57
```

25)
```
   44
-  19
```

26)
```
   91
-  77
```

27)
```
   63
-  36
```

28)
```
   47
-  25
```

29)
```
   48
-   1
```

30)
```
   72
-  31
```

Name: _____

Time:

Date: _____

Score: /30

Let's do Subtraction

1)
```
  24
-
  12
```

2)
```
  99
-
  75
```

3)
```
  92
-
  70
```

4)
```
  99
-
  59
```

5)
```
  22
-
  11
```

6)
```
  82
-
  66
```

7)
```
  40
-
   0
```

8)
```
  59
-
  28
```

9)
```
  95
-
  71
```

10)
```
  64
-
  22
```

11)
```
  93
-
  62
```

12)
```
  56
-
  35
```

13)
```
  50
-
   9
```

14)
```
  81
-
  62
```

15)
```
  54
-
  27
```

16)
```
  84
-
  54
```

17)
```
  67
-
  49
```

18)
```
  57
-
  22
```

19)
```
  46
-
   1
```

20)
```
  46
-
  26
```

21)
```
  22
-
  11
```

22)
```
  44
-
  17
```

23)
```
  29
-
  14
```

24)
```
  90
-
  47
```

25)
```
  71
-
  57
```

26)
```
  46
-
   6
```

27)
```
  35
-
  22
```

28)
```
  53
-
  23
```

29)
```
  57
-
  15
```

30)
```
  84
-
  59
```

Name: _____

Date: _____

Time:

Score: /30

Let's do Subtraction

1)
```
  99
-
  57
```

2)
```
  88
-
  59
```

3)
```
  51
-
  11
```

4)
```
  81
-
  65
```

5)
```
  88
-
  46
```

6)
```
  94
-
  77
```

7)
```
  43
-
  27
```

8)
```
  71
-
  33
```

9)
```
  61
-
  12
```

10)
```
  49
-
  7
```

11)
```
  58
-
  28
```

12)
```
  33
-
  7
```

13)
```
  88
-
  55
```

14)
```
  72
-
  57
```

15)
```
  57
-
  32
```

16)
```
  93
-
  81
```

17)
```
  97
-
  54
```

18)
```
  64
-
  37
```

19)
```
  55
-
  37
```

20)
```
  85
-
  58
```

21)
```
  72
-
  24
```

22)
```
  92
-
  66
```

23)
```
  64
-
  51
```

24)
```
  60
-
  46
```

25)
```
  58
-
  15
```

26)
```
  49
-
  12
```

27)
```
  62
-
  15
```

28)
```
  92
-
  58
```

29)
```
  31
-
  15
```

30)
```
  45
-
  13
```

Name: _____

Date: _____

Time:

Score: ___ /30

Let's do Subtraction

1)
```
  58
-
  47
```

2)
```
  43
-
  32
```

3)
```
  75
-
  36
```

4)
```
  68
-
  57
```

5)
```
  96
-
  59
```

6)
```
  78
-
  29
```

7)
```
  89
-
  69
```

8)
```
  95
-
  54
```

9)
```
  47
-
  17
```

10)
```
  83
-
  58
```

11)
```
  89
-
  40
```

12)
```
  81
-
  32
```

13)
```
  96
-
  82
```

14)
```
  48
-
  5
```

15)
```
  72
-
  40
```

16)
```
  51
-
  16
```

17)
```
  81
-
  42
```

18)
```
  14
-
  2
```

19)
```
  33
-
  12
```

20)
```
  51
-
  11
```

21)
```
  95
-
  71
```

22)
```
  54
-
  20
```

23)
```
  59
-
  23
```

24)
```
  89
-
  60
```

25)
```
  45
-
  3
```

26)
```
  77
-
  42
```

27)
```
  96
-
  62
```

28)
```
  32
-
  3
```

29)
```
  44
-
  6
```

30)
```
  78
-
  39
```

Name: _____

Date: _____

Time:

Score: /30

Let's do Subtraction

1) [   ] – 25 = 19 2) [   ] – 47 = 18 3) [   ] – 22 = 42

4) [   ] – 37 = 32 5) [   ] – 46 = 37 6) [   ] – 20 = 65

7) [   ] – 48 = 22 8) [   ] – 12 = 78 9) [   ] – 14 = 26

10) [   ] – 15 = 73 11) [   ] – 25 = 4 12) [   ] – 11 = 34

13) [   ] – 12 = 51 14) [   ] – 37 = 31 15) [   ] – 35 = 58

16) [   ] – 18 = 8 17) [   ] – 35 = 44 18) [   ] – 19 = 30

19) [   ] – 30 = 48 20) [   ] – 47 = 34 21) [   ] – 34 = 2

22) [   ] – 42 = 54 23) [   ] – 13 = 46 24) [   ] – 37 = 28

25) [   ] – 13 = 72 26) [   ] – 47 = 30 27) [   ] – 39 = 17

28) [   ] – 10 = 20 29) [   ] – 48 = 28 30) [   ] – 42 = 3

Name: _____ **Date:** _____

Time: **Score:** /30

Let's do Subtraction

1) [____] – 39 = 28   2) [____] – 49 = 31   3) [____] – 17 = 68

4) [____] – 28 = 10   5) [____] – 30 = 4   6) [____] – 28 = 50

7) [____] – 35 = 31   8) [____] – 44 = 13   9) [____] – 26 = 62

10) [____] – 26 = 43   11) [____] – 29 = 4   12) [____] – 14 = 68

13) [____] – 47 = 10   14) [____] – 34 = 5   15) [____] – 31 = 34

16) [____] – 41 = 32   17) [____] – 22 = 40   18) [____] – 40 = 2

19) [____] – 10 = 28   20) [____] – 13 = 60   21) [____] – 44 = 32

22) [____] – 29 = 17   23) [____] – 13 = 36   24) [____] – 11 = 3

25) [____] – 24 = 67   26) [____] – 20 = 25   27) [____] – 45 = 39

28) [____] – 31 = 28   29) [____] – 27 = 15   30) [____] – 26 = 15

Name: _____   Date: _____

Time: _____   Score: /30

Let's do Subtraction

1) [   ] – 39 = 53 2) [   ] – 28 = 28 3) [   ] – 37 = 19

4) [   ] – 14 = 71 5) [   ] – 49 = 34 6) [   ] – 14 = 19

7) [   ] – 46 = 0 8) [   ] – 17 = 7 9) [   ] – 47 = 44

10) [   ] – 23 = 21 11) [   ] – 37 = 28 12) [   ] – 30 = 19

13) [   ] – 27 = 15 14) [   ] – 46 = 51 15) [   ] – 27 = 53

16) [   ] – 35 = 4 17) [   ] – 22 = 23 18) [   ] – 50 = 21

19) [   ] – 45 = 22 20) [   ] – 16 = 60 21) [   ] – 38 = 38

22) [   ] – 46 = 37 23) [   ] – 10 = 31 24) [   ] – 37 = 19

25) [   ] – 16 = 13 26) [   ] – 28 = 9 27) [   ] – 32 = 11

28) [   ] – 40 = 41 29) [   ] – 27 = 19 30) [   ] – 10 = 9

Name: _____ **Date:** _____

Time: **Score:** /30

Let's do Subtraction

1) [   ] – 36 = 57   2) [   ] – 32 = 0   3) [   ] – 13 = 44

4) [   ] – 26 = 56   5) [   ] – 31 = 21   6) [   ] – 10 = 52

7) [   ] – 31 = 68   8) [   ] – 38 = 16   9) [   ] – 21 = 32

10) [   ] – 14 = 66   11) [   ] – 18 = 51   12) [   ] – 39 = 17

13) [   ] – 21 = 42   14) [   ] – 23 = 49   15) [   ] – 28 = 0

16) [   ] – 36 = 57   17) [   ] – 26 = 16   18) [   ] – 14 = 21

19) [   ] – 22 = 36   20) [   ] – 10 = 8   21) [   ] – 40 = 15

22) [   ] – 20 = 20   23) [   ] – 30 = 32   24) [   ] – 44 = 26

25) [   ] – 27 = 32   26) [   ] – 13 = 6   27) [   ] – 32 = 62

28) [   ] – 26 = 29   29) [   ] – 17 = 51   30) [   ] – 35 = 56

Name: _____   **Date:** _____

Time: **Score:**   /30

Let's do Subtraction

1) [____] – 49 = 29 2) [____] – 18 = 56 3) [____] – 10 = 39

4) [____] – 21 = 24 5) [____] – 31 = 12 6) [____] – 30 = 44

7) [____] – 39 = 58 8) [____] – 37 = 57 9) [____] – 37 = 26

10) [____] – 27 = 36 11) [____] – 26 = 1 12) [____] – 12 = 30

13) [____] – 16 = 2 14) [____] – 34 = 47 15) [____] – 22 = 20

16) [____] – 47 = 1 17) [____] – 29 = 32 18) [____] – 45 = 22

19) [____] – 15 = 18 20) [____] – 20 = 66 21) [____] – 16 = 47

22) [____] – 12 = 64 23) [____] – 14 = 74 24) [____] – 11 = 65

25) [____] – 32 = 43 26) [____] – 11 = 39 27) [____] – 31 = 27

28) [____] – 25 = 37 29) [____] – 13 = 6 30) [____] – 13 = 29

Name: _____   **Date:** _____

Time: **Score: /30**

Let's do Subtraction

1) [____] − 17 = 0   2) [____] − 27 = 19   3) [____] − 45 = 13

4) [____] − 42 = 20   5) [____] − 29 = 50   6) [____] − 12 = 9

7) [____] − 15 = 24   8) [____] − 28 = 67   9) [____] − 43 = 29

10) [____] − 22 = 58   11) [____] − 39 = 52   12) [____] − 22 = 47

13) [____] − 41 = 57   14) [____] − 14 = 85   15) [____] − 25 = 0

16) [____] − 46 = 0   17) [____] − 28 = 20   18) [____] − 37 = 5

19) [____] − 23 = 36   20) [____] − 49 = 3   21) [____] − 36 = 25

22) [____] − 12 = 73   23) [____] − 49 = 2   24) [____] − 28 = 57

25) [____] − 35 = 2   26) [____] − 17 = 57   27) [____] − 20 = 54

28) [____] − 22 = 72   29) [____] − 18 = 45   30) [____] − 48 = 43

Name: _____   Date: _____

Time: Score: /30

Let's do Subtraction

1) [____] − 11 = 56   2) [____] − 16 = 16   3) [____] − 38 = 23

4) [____] − 19 = 29   5) [____] − 40 = 27   6) [____] − 45 = 43

7) [____] − 35 = 17   8) [____] − 21 = 15   9) [____] − 28 = 65

10) [____] − 30 = 45   11) [____] − 13 = 82   12) [____] − 25 = 12

13) [____] − 19 = 60   14) [____] − 10 = 71   15) [____] − 30 = 0

16) [____] − 32 = 44   17) [____] − 42 = 18   18) [____] − 26 = 71

19) [____] − 27 = 7   20) [____] − 39 = 12   21) [____] − 31 = 61

22) [____] − 11 = 86   23) [____] − 45 = 41   24) [____] − 40 = 4

25) [____] − 15 = 42   26) [____] − 50 = 46   27) [____] − 40 = 23

28) [____] − 42 = 44   29) [____] − 48 = 29   30) [____] − 43 = 4

Name: _____

Date: _____

Time: _____

Score: /30

Let's do Subtraction

1) 93
  − 15
  ☐

2) 69
  − 36
  ☐

3) 44
  − 27
  ☐

4) 80
  − 17
  ☐

5) 84
  − 10
  ☐

6) 51
  − 24
  ☐

7) 51
  − 21
  ☐

8) 80
  − 42
  ☐

9) 13
  − 13
  ☐

10) 98
  − 41
  ☐

11) 97
  − 34
  ☐

12) 39
  − 29
  ☐

13) 54
  − 48
  ☐

14) 70
  − 12
  ☐

15) 35
  − 24
  ☐

16) 89
  − 37
  ☐

17) 87
  − 28
  ☐

18) 40
  − 13
  ☐

19) 54
  − 29
  ☐

20) 44
  − 40
  ☐

21) 71
  − 37
  ☐

22) 75
  − 41
  ☐

23) 68
  − 29
  ☐

24) 61
  − 31
  ☐

25) 87
  − 37
  ☐

26) 46
  − 33
  ☐

27) 99
  − 50
  ☐

28) 85
  − 45
  ☐

29) 53
  − 40
  ☐

30) 61
  − 12
  ☐

Name: _____   **Date:** _____

Time: **Score: /30**

Let's do Subtraction

1) 65
   − 36
   ☐

2) 47
   − 20
   ☐

3) 66
   − 37
   ☐

4) 74
   − 45
   ☐

5) 64
   − 45
   ☐

6) 35
   − 19
   ☐

7) 12
   − 12
   ☐

8) 87
   − 30
   ☐

9) 84
   − 26
   ☐

10) 73
    − 14
    ☐

11) 72
    − 13
    ☐

12) 51
    − 36
    ☐

13) 85
    − 35
    ☐

14) 76
    − 48
    ☐

15) 21
    − 14
    ☐

16) 34
    − 33
    ☐

17) 47
    − 17
    ☐

18) 65
    − 20
    ☐

19) 47
    − 28
    ☐

20) 80
    − 10
    ☐

21) 76
    − 25
    ☐

22) 98
    − 23
    ☐

23) 55
    − 15
    ☐

24) 87
    − 40
    ☐

25) 25
    − 11
    ☐

26) 32
    − 14
    ☐

27) 50
    − 20
    ☐

28) 78
    − 11
    ☐

29) 16
    − 16
    ☐

30) 47
    − 17
    ☐

Name: _____

Time:

Date: _____

Score: /30

Let's do Subtraction

1)
```
   66
-  22
```

2)
```
   52
-  20
```

3)
```
   23
-  23
```

4)
```
   78
-  46
```

5)
```
   38
-  20
```

6)
```
   35
-  30
```

7)
```
   69
-  16
```

8)
```
   61
-  20
```

9)
```
   60
-  23
```

10)
```
   42
-  27
```

11)
```
   47
-  35
```

12)
```
   92
-  28
```

13)
```
   90
-  40
```

14)
```
   85
-  45
```

15)
```
   69
-  26
```

16)
```
   66
-  18
```

17)
```
   12
-  10
```

18)
```
   88
-  34
```

19)
```
   83
-  14
```

20)
```
   89
-  13
```

21)
```
   16
-  10
```

22)
```
   50
-  39
```

23)
```
   63
-  37
```

24)
```
   61
-  22
```

25)
```
   71
-  38
```

26)
```
   72
-  18
```

27)
```
   83
-  22
```

28)
```
   64
-  45
```

29)
```
   28
-  13
```

30)
```
   81
-  16
```

Name: _____ **Date:** _____

Time: **Score:** /30

Let's do Subtraction

1) 86
    − 48
    ☐

2) 55
    − 33
    ☐

3) 83
    − 24
    ☐

4) 73
    − 46
    ☐

5) 70
    − 49
    ☐

6) 88
    − 19
    ☐

7) 79
    − 48
    ☐

8) 84
    − 41
    ☐

9) 31
    − 31
    ☐

10) 96
    − 32
    ☐

11) 62
    − 47
    ☐

12) 79
    − 48
    ☐

13) 27
    − 23
    ☐

14) 29
    − 21
    ☐

15) 43
    − 16
    ☐

16) 41
    − 11
    ☐

17) 77
    − 18
    ☐

18) 66
    − 33
    ☐

19) 86
    − 29
    ☐

20) 73
    − 14
    ☐

21) 63
    − 50
    ☐

22) 78
    − 32
    ☐

23) 36
    − 15
    ☐

24) 67
    − 17
    ☐

25) 43
    − 21
    ☐

26) 22
    − 14
    ☐

27) 68
    − 46
    ☐

28) 48
    − 17
    ☐

29) 85
    − 38
    ☐

30) 67
    − 46
    ☐

Name: _____

Date: _____

Time:

Score: /30

Let's do Subtraction

1)
```
  87
- 15
```

2)
```
  47
- 19
```

3)
```
  99
- 31
```

4)
```
  99
- 27
```

5)
```
  33
- 11
```

6)
```
  27
- 22
```

7)
```
  91
- 27
```

8)
```
  53
- 17
```

9)
```
  56
- 14
```

10)
```
  79
- 20
```

11)
```
  83
- 29
```

12)
```
  65
- 28
```

13)
```
  67
- 25
```

14)
```
  85
- 26
```

15)
```
  54
- 12
```

16)
```
  51
- 44
```

17)
```
  88
- 12
```

18)
```
  72
- 12
```

19)
```
  46
- 38
```

20)
```
  64
- 46
```

21)
```
  75
- 26
```

22)
```
  69
- 46
```

23)
```
  58
- 37
```

24)
```
  79
- 33
```

25)
```
  83
- 39
```

26)
```
  71
- 43
```

27)
```
  55
- 16
```

28)
```
  63
- 43
```

29)
```
  71
- 32
```

30)
```
  45
- 21
```

Name: _____ **Date:** _____

Time:

Score: /30

Let's do Subtraction

1)
```
  76
- 50
```

2)
```
  57
- 23
```

3)
```
  38
- 33
```

4)
```
  66
- 31
```

5)
```
  74
- 22
```

6)
```
  77
- 12
```

7)
```
  56
- 31
```

8)
```
  74
- 41
```

9)
```
  65
- 43
```

10)
```
  93
- 38
```

11)
```
  94
- 18
```

12)
```
  96
- 10
```

13)
```
  53
- 48
```

14)
```
  57
- 23
```

15)
```
  76
- 37
```

16)
```
  85
- 50
```

17)
```
  85
- 42
```

18)
```
  74
- 22
```

19)
```
  32
- 24
```

20)
```
  76
- 47
```

21)
```
  81
- 11
```

22)
```
  86
- 18
```

23)
```
  49
- 28
```

24)
```
  99
- 17
```

25)
```
  69
- 50
```

26)
```
  34
- 22
```

27)
```
  49
- 20
```

28)
```
  46
- 43
```

29)
```
  62
- 21
```

30)
```
  53
- 20
```

ANSWER

Page 4, Item 1:
(1)73 (2)59 (3)111 (4)99 (5)82 (6)98 (7)79 (8)81 (9)102 (10)78 (11)129 (12)125 (13)100 (14)72 (15)83 (16)113 (17)129 (18)126 (19)82 (20)115 (21)115 (22)120 (23)138 (24)60 (25)104 (26)131 (27)87 (28)97 (29)99 (30)81

Page 5, Item 1:
(1)85 (2)97 (3)90 (4)93 (5)91 (6)125 (7)115 (8)80 (9)130 (10)103 (11)92 (12)114 (13)75 (14)109 (15)115 (16)123 (17)102 (18)95 (19)90 (20)90 (21)138 (22)77 (23)98 (24)119 (25)87 (26)100 (27)87 (28)70 (29)91 (30)79

Page 6, Item 1:
(1)60 (2)77 (3)75 (4)35 (5)106 (6)144 (7)82 (8)86 (9)59 (10)104 (11)79 (12)107 (13)95 (14)116 (15)69 (16)47 (17)25 (18)86 (19)71 (20)104 (21)71 (22)113 (23)121 (24)70 (25)106 (26)40 (27)81 (28)117 (29)70 (30)122

Page 7, Item 1:
(1)79 (2)109 (3)107 (4)69 (5)87 (6)41 (7)68 (8)57 (9)45 (10)78 (11)44 (12)63 (13)114 (14)46 (15)96 (16)125 (17)51 (18)61 (19)106 (20)39 (21)110 (22)69 (23)94 (24)82 (25)42 (26)81 (27)94 (28)53 (29)110 (30)89

Page 8, Item 1:
(1)140 (2)58 (3)85 (4)117 (5)50 (6)72 (7)80 (8)106 (9)117 (10)36 (11)70 (12)97 (13)84 (14)64 (15)100 (16)96 (17)113 (18)27 (19)109 (20)41 (21)39 (22)86 (23)93 (24)94 (25)113 (26)113 (27)117 (28)85 (29)136 (30)54

Page 9, Item 1:
(1)80 (2)110 (3)82 (4)92 (5)107 (6)41 (7)69 (8)125 (9)94 (10)60 (11)130 (12)80 (13)53 (14)87 (15)139 (16)98 (17)53

(18)126 (19)60 (20)84 (21)40 (22)86 (23)75 (24)121 (25)54 (26)106 (27)113 (28)49 (29)69 (30)58

Page 10, Item 1:
(1)84 (2)65 (3)86 (4)59 (5)22 (6)96 (7)67 (8)25 (9)75 (10)62 (11)119 (12)87 (13)62 (14)120 (15)112 (16)92 (17)94 (18)115 (19)44 (20)80 (21)70 (22)119 (23)110 (24)60 (25)105 (26)131 (27)133 (28)89 (29)54 (30)76

Page 11, Item 1:
(1)114 (2)83 (3)125 (4)62 (5)83 (6)71 (7)58 (8)52 (9)58 (10)92 (11)99 (12)129 (13)85 (14)137 (15)25 (16)59 (17)93 (18)75 (19)68 (20)104 (21)80 (22)99 (23)52 (24)150 (25)84 (26)67 (27)93 (28)124 (29)55 (30)37

Page 12, Item 1:
(1)115 (2)124 (3)76 (4)98 (5)60 (6)58 (7)80 (8)79 (9)104 (10)89 (11)51 (12)77 (13)78 (14)84 (15)52 (16)113 (17)111 (18)103 (19)126 (20)91 (21)140 (22)112 (23)141 (24)103 (25)82 (26)85 (27)32 (28)79 (29)67 (30)78

Page 13, Item 1:
(1)79 (2)62 (3)89 (4)110 (5)58 (6)55 (7)94 (8)67 (9)89 (10)78 (11)107 (12)92 (13)28

(14)95 (15)117 (16)70 (17)119 (18)114
(19)97 (20)60 (21)69 (22)58 (23)109
(24)63 (25)107 (26)61 (27)41 (28)101
(29)44 (30)144
Page 14, Item 1:
(1)65 (2)76 (3)100 (4)85 (5)88 (6)67 (7)92
(8)87 (9)65 (10)47 (11)57 (12)19 (13)79
(14)60 (15)26 (16)74 (17)91 (18)70 (19)23
(20)59 (21)95 (22)67 (23)86 (24)31 (25)61
(26)30 (27)79 (28)28 (29)97 (30)32
Page 15, Item 1:
(1)87 (2)32 (3)22 (4)27 (5)61 (6)89 (7)51
(8)40 (9)63 (10)60 (11)13 (12)43 (13)17
(14)91 (15)50 (16)78 (17)53 (18)51 (19)31
(20)27 (21)65 (22)28 (23)38 (24)63 (25)26
(26)40 (27)46 (28)23 (29)62 (30)12
Page 16, Item 1:
(1)42 (2)86 (3)71 (4)32 (5)75 (6)66 (7)65
(8)79 (9)82 (10)10 (11)55 (12)40 (13)31
(14)26 (15)81 (16)65 (17)98 (18)13 (19)27
(20)26 (21)46 (22)94 (23)27 (24)10 (25)36
(26)48 (27)85 (28)62 (29)14 (30)82
Page 17, Item 1:
(1)67 (2)14 (3)30 (4)41 (5)100 (6)33 (7)47
(8)39 (9)31 (10)63 (11)79 (12)47 (13)21
(14)78 (15)72 (16)72 (17)61 (18)100
(19)85 (20)57 (21)31 (22)89 (23)49 (24)35
(25)92 (26)97 (27)71 (28)96 (29)50 (30)95
Page 18, Item 1:
(1)55 (2)97 (3)99 (4)98 (5)93 (6)62 (7)14
(8)12 (9)15 (10)19 (11)49 (12)88 (13)73
(14)65 (15)31 (16)71 (17)21 (18)89 (19)81
(20)81 (21)45 (22)72 (23)76 (24)64 (25)19
(26)13 (27)93 (28)34 (29)25 (30)34
Page 19, Item 1:
(1)84 (2)92 (3)68 (4)64 (5)85 (6)14 (7)40
(8)21 (9)31 (10)43 (11)58 (12)29 (13)94
(14)67 (15)53 (16)22 (17)79 (18)14 (19)93
(20)53 (21)19 (22)57 (23)74 (24)92 (25)25

(26)87 (27)67 (28)61 (29)57 (30)44
Page 20, Item 1:
(1)59 (2)88 (3)97 (4)19 (5)46 (6)65 (7)45
(8)67 (9)77 (10)69 (11)62 (12)35 (13)11
(14)58 (15)51 (16)26 (17)32 (18)88 (19)30
(20)97 (21)16 (22)95 (23)26 (24)46 (25)57
(26)35 (27)49 (28)39 (29)72 (30)43
Page 21, Item 1:
(1)96 (2)29 (3)70 (4)98 (5)28 (6)92 (7)67
(8)52 (9)33 (10)99 (11)99 (12)21 (13)37
(14)93 (15)63 (16)41 (17)10 (18)74 (19)22
(20)80 (21)34 (22)33 (23)58 (24)17 (25)37
(26)56 (27)61 (28)71 (29)32 (30)65
Page 22, Item 1:
(1)27 (2)30 (3)80 (4)32 (5)80 (6)62 (7)87
(8)53 (9)100 (10)55 (11)10 (12)83 (13)97
(14)19 (15)54 (16)93 (17)93 (18)61 (19)50
(20)20 (21)69 (22)10 (23)50 (24)34 (25)76
(26)85 (27)51 (28)48 (29)100 (30)83
Page 23, Item 1:
(1)84 (2)43 (3)39 (4)65 (5)76 (6)50 (7)44
(8)59 (9)46 (10)43 (11)82 (12)13 (13)15
(14)59 (15)32 (16)37 (17)29 (18)23 (19)49
(20)50 (21)51 (22)38 (23)52 (24)90 (25)83
(26)29 (27)59 (28)51 (29)68 (30)51
Page 24, Item 1:
(1)65 (2)84 (3)28 (4)71 (5)59 (6)48 (7)74
(8)20 (9)87 (10)68 (11)97 (12)75 (13)78

(14)39 (15)76 (16)78 (17)92 (18)20 (19)38
(20)17 (21)11 (22)83 (23)70 (24)92 (25)38
(26)90 (27)97 (28)59 (29)55 (30)97

Page 25, Item 1:

(1)89 (2)58 (3)92 (4)66 (5)44 (6)12 (7)68
(8)59 (9)20 (10)50 (11)50 (12)61 (13)25
(14)64 (15)18 (16)93 (17)24 (18)17 (19)74
(20)89 (21)86 (22)24 (23)21 (24)13 (25)13
(26)76 (27)51 (28)19 (29)98 (30)30

Page 26, Item 1:

(1)21 (2)57 (3)97 (4)31 (5)57 (6)80 (7)55
(8)22 (9)54 (10)93 (11)71 (12)17 (13)66
(14)17 (15)41 (16)94 (17)47 (18)82 (19)99
(20)85 (21)65 (22)38 (23)15 (24)53 (25)75
(26)21 (27)23 (28)28 (29)12 (30)55

Page 27, Item 1:

(1)57 (2)63 (3)68 (4)74 (5)81 (6)93 (7)62
(8)91 (9)84 (10)19 (11)36 (12)85 (13)73
(14)70 (15)11 (16)97 (17)58 (18)63 (19)86
(20)37 (21)69 (22)68 (23)48 (24)50 (25)30
(26)29 (27)58 (28)23 (29)27 (30)48

Page 28, Item 1:

(1)76 (2)39 (3)45 (4)23 (5)92 (6)92 (7)39
(8)59 (9)34 (10)26 (11)40 (12)44 (13)56
(14)52 (15)100 (16)49 (17)19 (18)38
(19)41 (20)28 (21)53 (22)50 (23)85 (24)29
(25)45 (26)55 (27)26 (28)36 (29)23 (30)34

Page 29, Item 1:

(1)26 (2)30 (3)22 (4)21 (5)34 (6)96 (7)38
(8)64 (9)93 (10)33 (11)84 (12)25 (13)89
(14)96 (15)41 (16)42 (17)10 (18)73 (19)23
(20)96 (21)68 (22)24 (23)64 (24)54 (25)75
(26)65 (27)88 (28)34 (29)41 (30)93

Page 30, Item 1:

(1)59 (2)36 (3)24 (4)72 (5)72 (6)35 (7)49
(8)57 (9)85 (10)21 (11)54 (12)17 (13)63
(14)38 (15)93 (16)27 (17)54 (18)43 (19)76
(20)24 (21)88 (22)69 (23)42 (24)87 (25)93
(26)60 (27)82 (28)73 (29)88 (30)54

Page 31, Item 1:

(1)70 (2)80 (3)50 (4)37 (5)11 (6)65 (7)81
(8)15 (9)90 (10)79 (11)25 (12)60 (13)12
(14)70 (15)56 (16)67 (17)39 (18)90 (19)12
(20)33 (21)28 (22)56 (23)74 (24)100
(25)70 (26)47 (27)56 (28)45 (29)80 (30)53

Page 32, Item 1:

(1)36 (2)73 (3)48 (4)35 (5)45 (6)78 (7)14
(8)11 (9)30 (10)66 (11)32 (12)63 (13)21
(14)39 (15)79 (16)96 (17)62 (18)59 (19)45
(20)27 (21)22 (22)51 (23)80 (24)24 (25)47
(26)64 (27)75 (28)69 (29)100 (30)25

Page 33, Item 1:

(1)36 (2)63 (3)89 (4)34 (5)23 (6)31 (7)16
(8)86 (9)23 (10)62 (11)73 (12)79 (13)37
(14)89 (15)17 (16)31 (17)60 (18)47 (19)64
(20)87 (21)58 (22)83 (23)47 (24)70 (25)23
(26)35 (27)43 (28)35 (29)81 (30)95

Page 34, Item 1:

(1)47 (2)16 (3)11 (4)47 (5)42 (6)27 (7)40
(8)49 (9)13 (10)46 (11)19 (12)16 (13)42
(14)33 (15)42 (16)23 (17)42 (18)22 (19)14
(20)21 (21)35 (22)49 (23)27 (24)27 (25)32
(26)25 (27)38 (28)26 (29)19 (30)37

Page 35, Item 1:

(1)35 (2)42 (3)49 (4)11 (5)20 (6)18 (7)29
(8)25 (9)24 (10)33 (11)12 (12)43 (13)16
(14)16 (15)10 (16)19 (17)11 (18)28 (19)14

(20)32 (21)10 (22)15 (23)26 (24)30 (25)43
(26)26 (27)50 (28)49 (29)12 (30)50
Page 36, Item 1:
(1)32 (2)39 (3)41 (4)44 (5)23 (6)29 (7)29
(8)47 (9)43 (10)27 (11)30 (12)41 (13)45
(14)22 (15)15 (16)35 (17)18 (18)11 (19)33
(20)11 (21)30 (22)20 (23)36 (24)41 (25)15
(26)39 (27)30 (28)20 (29)21 (30)17
Page 37, Item 1:
(1)46 (2)36 (3)36 (4)37 (5)24 (6)41 (7)49
(8)21 (9)43 (10)10 (11)33 (12)17 (13)21
(14)22 (15)23 (16)49 (17)36 (18)31 (19)23
(20)12 (21)18 (22)22 (23)30 (24)23 (25)50
(26)25 (27)31 (28)30 (29)37 (30)35
Page 38, Item 1:
(1)24 (2)12 (3)30 (4)35 (5)48 (6)23 (7)43
(8)34 (9)48 (10)30 (11)26 (12)35 (13)47
(14)39 (15)43 (16)29 (17)28 (18)32 (19)46
(20)38 (21)25 (22)49 (23)42 (24)50 (25)23
(26)25 (27)20 (28)48 (29)26 (30)20
Page 39, Item 1:
(1)13 (2)14 (3)26 (4)37 (5)50 (6)38 (7)36
(8)43 (9)30 (10)28 (11)23 (12)42 (13)14
(14)48 (15)45 (16)20 (17)13 (18)44 (19)20
(20)18 (21)35 (22)35 (23)17 (24)37 (25)22
(26)26 (27)28 (28)46 (29)26 (30)41
Page 40, Item 1:
(1)10 (2)32 (3)21 (4)17 (5)50 (6)10 (7)17
(8)24 (9)14 (10)17 (11)22 (12)25 (13)14
(14)21 (15)20 (16)27 (17)46 (18)20 (19)27
(20)41 (21)32 (22)50 (23)42 (24)23 (25)46
(26)14 (27)37 (28)25 (29)27 (30)39
Page 41, Item 1:
(1)18 (2)21 (3)24 (4)47 (5)44 (6)43 (7)44
(8)31 (9)42 (10)44 (11)46 (12)21 (13)36
(14)14 (15)19 (16)37 (17)14 (18)14 (19)37
(20)17 (21)40 (22)46 (23)45 (24)36 (25)47
(26)28 (27)13 (28)30 (29)39 (30)16
Page 42, Item 1:

(1)37 (2)25 (3)21 (4)14 (5)46 (6)15 (7)34
(8)35 (9)39 (10)20 (11)14 (12)21 (13)34
(14)22 (15)15 (16)45 (17)27 (18)34 (19)33
(20)48 (21)24 (22)26 (23)22 (24)40 (25)35
(26)48 (27)48 (28)39 (29)41 (30)16
Page 43, Item 1:
(1)27 (2)71 (3)37 (4)85 (5)40 (6)49 (7)32
(8)48 (9)20 (10)93 (11)45 (12)67 (13)24
(14)93 (15)11 (16)82 (17)47 (18)60 (19)21
(20)49 (21)33 (22)99 (23)88 (24)86 (25)47
(26)90 (27)20 (28)16 (29)93 (30)59
Page 44, Item 1:
(1)64 (2)81 (3)34 (4)89 (5)24 (6)68 (7)20
(8)47 (9)12 (10)81 (11)27 (12)56 (13)62
(14)43 (15)39 (16)75 (17)26 (18)86 (19)17
(20)31 (21)79 (22)47 (23)59 (24)91 (25)64
(26)79 (27)14 (28)64 (29)35 (30)38
Page 45, Item 1:
(1)65 (2)73 (3)13 (4)36 (5)85 (6)61 (7)46
(8)84 (9)72 (10)54 (11)65 (12)58 (13)21
(14)76 (15)56 (16)60 (17)83 (18)42 (19)36
(20)75 (21)57 (22)45 (23)37 (24)93 (25)68
(26)48 (27)41 (28)71 (29)40 (30)58
Page 46, Item 1:
(1)22 (2)44 (3)58 (4)15 (5)13 (6)27 (7)91
(8)22 (9)66 (10)55 (11)25 (12)86 (13)63
(14)96 (15)90 (16)12 (17)42 (18)93 (19)46

(20)56 (21)21 (22)25 (23)22 (24)39 (25)83
(26)20 (27)65 (28)57 (29)56 (30)12
Page 47, Item 1:
(1)84 (2)33 (3)25 (4)29 (5)47 (6)46 (7)54
(8)80 (9)44 (10)24 (11)77 (12)43 (13)93
(14)30 (15)17 (16)46 (17)78 (18)62 (19)62
(20)96 (21)88 (22)41 (23)19 (24)79 (25)14
(26)69 (27)69 (28)65 (29)87 (30)73
Page 48, Item 1:
(1)55 (2)92 (3)66 (4)31 (5)37 (6)45 (7)51
(8)83 (9)43 (10)23 (11)85 (12)74 (13)11
(14)94 (15)27 (16)82 (17)25 (18)98 (19)54
(20)19 (21)49 (22)26 (23)48 (24)73 (25)19
(26)55 (27)11 (28)67 (29)54 (30)64
Page 49, Item 1:
(1)61 (2)94 (3)21 (4)94 (5)52 (6)84 (7)57
(8)12 (9)55 (10)62 (11)47 (12)34 (13)81
(14)69 (15)86 (16)58 (17)13 (18)85 (19)30
(20)49 (21)89 (22)60 (23)56 (24)45 (25)73
(26)41 (27)30 (28)36 (29)43 (30)34
Page 50, Item 1:
(1)86 (2)68 (3)18 (4)52 (5)69 (6)65 (7)34
(8)72 (9)89 (10)79 (11)36 (12)18 (13)11
(14)17 (15)54 (16)19 (17)65 (18)44 (19)54
(20)10 (21)82 (22)29 (23)41 (24)17 (25)17
(26)18 (27)95 (28)43 (29)16 (30)38
Page 51, Item 1:
(1)88 (2)57 (3)42 (4)53 (5)75 (6)13 (7)43
(8)96 (9)26 (10)25 (11)23 (12)10 (13)54
(14)87 (15)60 (16)18 (17)44 (18)87 (19)57
(20)41 (21)70 (22)84 (23)46 (24)51 (25)35
(26)14 (27)84 (28)89 (29)29 (30)89
Page 52, Item 1:
(1)55 (2)18 (3)34 (4)92 (5)58 (6)61 (7)31
(8)57 (9)15 (10)21 (11)92 (12)22 (13)67
(14)16 (15)78 (16)96 (17)82 (18)83 (19)42
(20)95 (21)58 (22)38 (23)85 (24)80 (25)92
(26)72 (27)48 (28)28 (29)36 (30)71
Page 53, Item 1:

(1)80 (2)33 (3)28 (4)57 (5)31 (6)35 (7)56
(8)89 (9)88 (10)77 (11)66 (12)47 (13)47
(14)96 (15)52 (16)80 (17)41 (18)74 (19)94
(20)40 (21)68 (22)55 (23)40 (24)36 (25)19
(26)44 (27)40 (28)11 (29)24 (30)17
Page 55, Item 1:
(1)20 (2)14 (3)28 (4)10 (5)27 (6)33 (7)34
(8)50 (9)29 (10)39 (11)11 (12)25 (13)50
(14)14 (15)24 (16)31 (17)39 (18)25 (19)41
(20)35 (21)33 (22)27 (23)33 (24)31 (25)15
(26)42 (27)28 (28)17 (29)31 (30)32
Page 56, Item 1:
(1)18 (2)10 (3)26 (4)17 (5)25 (6)46 (7)39
(8)16 (9)14 (10)37 (11)18 (12)41 (13)14
(14)15 (15)48 (16)44 (17)27 (18)35 (19)19
(20)18 (21)28 (22)11 (23)21 (24)40 (25)12
(26)24 (27)24 (28)50 (29)21 (30)28
Page 57, Item 1:
(1)38 (2)26 (3)48 (4)17 (5)43 (6)34 (7)49
(8)45 (9)26 (10)30 (11)49 (12)29 (13)22
(14)38 (15)17 (16)31 (17)29 (18)42 (19)31
(20)43 (21)42 (22)22 (23)40 (24)21 (25)24
(26)32 (27)43 (28)22 (29)30 (30)19
Page 58, Item 1:
(1)19 (2)13 (3)20 (4)18 (5)48 (6)32 (7)24
(8)19 (9)13 (10)50 (11)21 (12)44 (13)43
(14)38 (15)15 (16)14 (17)27 (18)26 (19)29

(20)25 (21)28 (22)20 (23)17 (24)39 (25)18
(26)36 (27)36 (28)40 (29)29 (30)19

Page 59, Item 1:

(1)21 (2)38 (3)29 (4)30 (5)17 (6)37 (7)33
(8)14 (9)27 (10)14 (11)37 (12)13 (13)28
(14)45 (15)44 (16)18 (17)14 (18)42 (19)39
(20)34 (21)25 (22)33 (23)26 (24)13 (25)39
(26)37 (27)46 (28)19 (29)31 (30)35

Page 60, Item 1:

(1)50 (2)32 (3)21 (4)19 (5)36 (6)37 (7)49
(8)29 (9)24 (10)15 (11)23 (12)14 (13)22
(14)46 (15)12 (16)26 (17)21 (18)48 (19)23
(20)32 (21)49 (22)24 (23)26 (24)23 (25)40
(26)15 (27)50 (28)29 (29)40 (30)45

Page 61, Item 1:

(1)11 (2)43 (3)13 (4)43 (5)28 (6)20 (7)37
(8)48 (9)10 (10)23 (11)19 (12)35 (13)41
(14)35 (15)31 (16)39 (17)42 (18)41 (19)35
(20)31 (21)49 (22)39 (23)20 (24)17 (25)35
(26)46 (27)23 (28)15 (29)15 (30)49

Page 62, Item 1:

(1)22 (2)18 (3)36 (4)15 (5)42 (6)18 (7)38
(8)24 (9)35 (10)34 (11)25 (12)46 (13)36
(14)17 (15)15 (16)19 (17)15 (18)21 (19)41
(20)10 (21)46 (22)31 (23)43 (24)42 (25)31
(26)24 (27)36 (28)50 (29)17 (30)23

Page 63, Item 1:

(1)42 (2)34 (3)10 (4)19 (5)16 (6)33 (7)20
(8)27 (9)15 (10)29 (11)18 (12)11 (13)32
(14)31 (15)19 (16)11 (17)21 (18)40 (19)22
(20)28 (21)10 (22)49 (23)32 (24)22 (25)43
(26)27 (27)16 (28)22 (29)28 (30)34

Page 64, Item 1:

(1)12 (2)30 (3)37 (4)19 (5)16 (6)42 (7)20
(8)41 (9)23 (10)38 (11)25 (12)37 (13)18
(14)18 (15)31 (16)16 (17)20 (18)49 (19)23
(20)44 (21)16 (22)16 (23)15 (24)29 (25)28
(26)43 (27)30 (28)14 (29)42 (30)50

Page 65, Item 1:

(1)10 (2)10 (3)38 (4)32 (5)24 (6)37 (7)36
(8)45 (9)13 (10)37 (11)17 (12)30 (13)31
(14)41 (15)20 (16)48 (17)50 (18)17 (19)40
(20)19 (21)35 (22)18 (23)28 (24)17 (25)14
(26)36 (27)16 (28)44 (29)24 (30)31

Page 66, Item 1:

(1)28 (2)14 (3)22 (4)46 (5)18 (6)15 (7)16
(8)20 (9)38 (10)35 (11)21 (12)46 (13)42
(14)11 (15)26 (16)33 (17)24 (18)14 (19)15
(20)20 (21)10 (22)19 (23)35 (24)47 (25)47
(26)26 (27)30 (28)48 (29)16 (30)46

Page 67, Item 1:

(1)33 (2)18 (3)49 (4)50 (5)19 (6)18 (7)49
(8)48 (9)43 (10)33 (11)17 (12)22 (13)14
(14)33 (15)45 (16)13 (17)35 (18)24 (19)36
(20)29 (21)23 (22)30 (23)16 (24)18 (25)46
(26)39 (27)19 (28)27 (29)45 (30)12

Page 68, Item 1:

(1)13 (2)16 (3)32 (4)24 (5)18 (6)17 (7)14
(8)14 (9)28 (10)16 (11)12 (12)36 (13)15
(14)16 (15)27 (16)35 (17)15 (18)16 (19)18
(20)30 (21)41 (22)44 (23)23 (24)25 (25)40
(26)37 (27)45 (28)24 (29)14 (30)36

Page 69, Item 1:

(1)21 (2)23 (3)35 (4)12 (5)10 (6)10 (7)40
(8)11 (9)10 (10)41 (11)11 (12)10 (13)31
(14)30 (15)42 (16)27 (17)18 (18)29 (19)10

(20)31 (21)16 (22)21 (23)28 (24)11 (25)21
(26)13 (27)27 (28)27 (29)22 (30)33

Page 70, Item 1:

(1)14 (2)49 (3)13 (4)45 (5)37 (6)42 (7)33
(8)43 (9)18 (10)13 (11)18 (12)49 (13)46
(14)33 (15)40 (16)45 (17)21 (18)42 (19)24
(20)28 (21)16 (22)30 (23)14 (24)24 (25)29
(26)16 (27)36 (28)41 (29)40 (30)11

Page 71, Item 1:

(1)14 (2)44 (3)14 (4)28 (5)18 (6)38 (7)21
(8)20 (9)12 (10)49 (11)31 (12)46 (13)45
(14)17 (15)20 (16)16 (17)14 (18)38 (19)25
(20)38 (21)39 (22)19 (23)14 (24)39 (25)37
(26)22 (27)38 (28)14 (29)19 (30)16

Page 72, Item 1:

(1)17 (2)47 (3)21 (4)23 (5)46 (6)25 (7)18
(8)50 (9)12 (10)19 (11)20 (12)41 (13)34
(14)31 (15)15 (16)20 (17)18 (18)30 (19)33
(20)21 (21)20 (22)39 (23)20 (24)19 (25)28
(26)19 (27)29 (28)15 (29)40 (30)31

Page 73, Item 1:

(1)20 (2)37 (3)14 (4)21 (5)26 (6)24 (7)46
(8)19 (9)24 (10)18 (11)46 (12)11 (13)49
(14)11 (15)47 (16)15 (17)24 (18)17 (19)13
(20)27 (21)25 (22)18 (23)33 (24)48 (25)38
(26)41 (27)25 (28)19 (29)27 (30)15

Page 74, Item 1:

(1)26 (2)44 (3)36 (4)42 (5)46 (6)36 (7)14
(8)12 (9)11 (10)22 (11)23 (12)43 (13)10
(14)27 (15)37 (16)48 (17)33 (18)18 (19)43
(20)33 (21)27 (22)22 (23)35 (24)37 (25)34
(26)45 (27)14 (28)34 (29)36 (30)31

Page 75, Item 1:

(1)16 (2)36 (3)38 (4)11 (5)32 (6)11 (7)46
(8)21 (9)15 (10)17 (11)11 (12)30 (13)27
(14)36 (15)31 (16)15 (17)25 (18)26 (19)28
(20)27 (21)10 (22)42 (23)40 (24)35 (25)39
(26)18 (27)48 (28)11 (29)36 (30)41

Page 76, Item 1:

(1)43 (2)17 (3)31 (4)38 (5)16 (6)11 (7)39
(8)18 (9)35 (10)32 (11)36 (12)24 (13)34
(14)41 (15)24 (16)14 (17)40 (18)38 (19)46
(20)29 (21)20 (22)40 (23)28 (24)25 (25)38
(26)39 (27)28 (28)21 (29)18 (30)35

Page 77, Item 1:

(1)43 (2)28 (3)14 (4)41 (5)20 (6)28 (7)27
(8)30 (9)24 (10)23 (11)29 (12)20 (13)40
(14)19 (15)10 (16)45 (17)17 (18)47 (19)23
(20)38 (21)22 (22)10 (23)33 (24)23 (25)35
(26)27 (27)42 (28)31 (29)34 (30)18

Page 78, Item 1:

(1)13 (2)68 (3)37 (4)11 (5)69 (6)33 (7)11
(8)57 (9)64 (10)34 (11)56 (12)7 (13)33
(14)35 (15)75 (16)67 (17)8 (18)64 (19)20
(20)8 (21)64 (22)36 (23)10 (24)21 (25)25
(26)61 (27)22 (28)43 (29)65 (30)30

Page 79, Item 1:

(1)31 (2)44 (3)51 (4)57 (5)31 (6)31 (7)18
(8)3 (9)6 (10)53 (11)29 (12)7 (13)47
(14)56 (15)42 (16)68 (17)14 (18)11 (19)10
(20)28 (21)56 (22)15 (23)2 (24)48 (25)19
(26)39 (27)23 (28)29 (29)64 (30)8

Page 80, Item 1:

(1)69 (2)33 (3)24 (4)26 (5)55 (6)0 (7)47
(8)49 (9)12 (10)46 (11)80 (12)26 (13)55
(14)34 (15)44 (16)65 (17)34 (18)38 (19)52

(20)57 (21)22 (22)1 (23)32 (24)36 (25)0
(26)60 (27)68 (28)66 (29)31 (30)51
Page 81, Item 1:
(1)63 (2)1 (3)42 (4)42 (5)43 (6)16 (7)39
(8)9 (9)84 (10)0 (11)51 (12)68 (13)62
(14)47 (15)27 (16)44 (17)48 (18)44 (19)49
(20)52 (21)81 (22)26 (23)61 (24)68 (25)41
(26)37 (27)63 (28)61 (29)5 (30)1
Page 82, Item 1:
(1)39 (2)59 (3)60 (4)40 (5)58 (6)60 (7)83
(8)40 (9)75 (10)45 (11)42 (12)55 (13)20
(14)35 (15)44 (16)18 (17)70 (18)49 (19)52
(20)14 (21)35 (22)58 (23)64 (24)0 (25)7
(26)13 (27)78 (28)11 (29)0 (30)26
Page 83, Item 1:
(1)0 (2)18 (3)42 (4)24 (5)21 (6)18 (7)26
(8)16 (9)59 (10)8 (11)72 (12)28 (13)41
(14)10 (15)52 (16)50 (17)13 (18)38 (19)70
(20)68 (21)56 (22)30 (23)50 (24)59 (25)48
(26)10 (27)32 (28)13 (29)11 (30)46
Page 84, Item 1:
(1)73 (2)47 (3)0 (4)5 (5)15 (6)4 (7)61 (8)54
(9)55 (10)6 (11)41 (12)54 (13)69 (14)47
(15)2 (16)31 (17)41 (18)31 (19)19 (20)82
(21)49 (22)53 (23)68 (24)17 (25)0 (26)13
(27)69 (28)42 (29)52 (30)76
Page 85, Item 1:
(1)23 (2)14 (3)24 (4)16 (5)22 (6)16 (7)35
(8)50 (9)29 (10)30 (11)26 (12)37 (13)48
(14)15 (15)30 (16)45 (17)48 (18)28 (19)48
(20)27 (21)41 (22)36 (23)25 (24)42 (25)12
(26)11 (27)15 (28)22 (29)47 (30)32
Page 86, Item 1:
(1)41 (2)29 (3)44 (4)10 (5)22 (6)11 (7)10
(8)37 (9)21 (10)42 (11)45 (12)41 (13)20
(14)43 (15)27 (16)31 (17)30 (18)50 (19)26
(20)40 (21)19 (22)24 (23)22 (24)49 (25)35
(26)33 (27)44 (28)13 (29)28 (30)16
Page 87, Item 1:

(1)50 (2)28 (3)41 (4)22 (5)24 (6)25 (7)25
(8)35 (9)23 (10)16 (11)27 (12)30 (13)14
(14)13 (15)50 (16)24 (17)25 (18)16 (19)39
(20)22 (21)18 (22)21 (23)41 (24)46 (25)23
(26)39 (27)12 (28)16 (29)38 (30)38
Page 88, Item 1:
(1)40 (2)21 (3)49 (4)47 (5)32 (6)48 (7)29
(8)31 (9)48 (10)19 (11)10 (12)30 (13)38
(14)36 (15)19 (16)12 (17)27 (18)29 (19)26
(20)20 (21)38 (22)38 (23)27 (24)32 (25)25
(26)14 (27)27 (28)22 (29)47 (30)41
Page 89, Item 1:
(1)12 (2)24 (3)22 (4)40 (5)11 (6)16 (7)40
(8)31 (9)24 (10)42 (11)31 (12)21 (13)41
(14)19 (15)27 (16)30 (17)18 (18)35 (19)45
(20)20 (21)11 (22)27 (23)15 (24)43 (25)14
(26)40 (27)13 (28)30 (29)42 (30)25
Page 90, Item 1:
(1)42 (2)29 (3)40 (4)16 (5)42 (6)17 (7)16
(8)38 (9)49 (10)42 (11)30 (12)26 (13)33
(14)15 (15)25 (16)12 (17)43 (18)27 (19)18
(20)27 (21)48 (22)26 (23)13 (24)14 (25)43
(26)37 (27)47 (28)34 (29)16 (30)32
Page 91, Item 1:
(1)11 (2)11 (3)39 (4)11 (5)37 (6)49 (7)20
(8)41 (9)30 (10)25 (11)49 (12)49 (13)14
(14)43 (15)32 (16)35 (17)39 (18)12 (19)21

(20)40 (21)24 (22)34 (23)36 (24)29 (25)42
(26)35 (27)34 (28)29 (29)38 (30)39
Page 92, Item 1:
(1)44 (2)65 (3)64 (4)69 (5)83 (6)85 (7)70
(8)90 (9)40 (10)88 (11)29 (12)45 (13)63
(14)68 (15)93 (16)26 (17)79 (18)49 (19)78
(20)81 (21)36 (22)96 (23)59 (24)65 (25)85
(26)77 (27)56 (28)30 (29)76 (30)45
Page 93, Item 1:
(1)67 (2)80 (3)85 (4)38 (5)34 (6)78 (7)66
(8)57 (9)88 (10)69 (11)33 (12)82 (13)57
(14)39 (15)65 (16)73 (17)62 (18)42 (19)38
(20)73 (21)76 (22)46 (23)49 (24)14 (25)91
(26)45 (27)84 (28)59 (29)42 (30)41
Page 94, Item 1:
(1)92 (2)56 (3)56 (4)85 (5)83 (6)33 (7)46
(8)24 (9)91 (10)44 (11)65 (12)49 (13)42
(14)97 (15)80 (16)39 (17)45 (18)71 (19)67
(20)76 (21)76 (22)83 (23)41 (24)56 (25)29
(26)37 (27)43 (28)81 (29)46 (30)19
Page 95, Item 1:
(1)93 (2)32 (3)57 (4)82 (5)52 (6)62 (7)99
(8)54 (9)53 (10)80 (11)69 (12)56 (13)63
(14)72 (15)28 (16)93 (17)42 (18)35 (19)58
(20)18 (21)55 (22)40 (23)62 (24)70 (25)59
(26)19 (27)94 (28)55 (29)68 (30)91
Page 96, Item 1:
(1)78 (2)74 (3)49 (4)45 (5)43 (6)74 (7)97
(8)94 (9)63 (10)63 (11)27 (12)42 (13)18
(14)81 (15)42 (16)48 (17)61 (18)67 (19)33
(20)86 (21)63 (22)76 (23)88 (24)76 (25)75
(26)50 (27)58 (28)62 (29)19 (30)42
Page 97, Item 1:
(1)17 (2)46 (3)58 (4)62 (5)79 (6)21 (7)39
(8)95 (9)72 (10)80 (11)91 (12)69 (13)98
(14)99 (15)25 (16)46 (17)48 (18)42 (19)59
(20)52 (21)61 (22)85 (23)51 (24)85 (25)37
(26)74 (27)74 (28)94 (29)63 (30)91
Page 98, Item 1:

(1)67 (2)32 (3)61 (4)48 (5)67 (6)88 (7)52
(8)36 (9)93 (10)75 (11)95 (12)37 (13)79
(14)81 (15)30 (16)76 (17)60 (18)97 (19)34
(20)51 (21)92 (22)97 (23)86 (24)44 (25)57
(26)96 (27)63 (28)86 (29)77 (30)47
Page 99, Item 1:
(1)78 (2)33 (3)17 (4)63 (5)74 (6)27 (7)30
(8)38 (9)0 (10)57 (11)63 (12)10 (13)6
(14)58 (15)11 (16)52 (17)59 (18)27 (19)25
(20)4 (21)34 (22)34 (23)39 (24)30 (25)50
(26)13 (27)49 (28)40 (29)13 (30)49
Page 100, Item 1:
(1)29 (2)27 (3)29 (4)29 (5)19 (6)16 (7)0
(8)57 (9)58 (10)59 (11)59 (12)15 (13)50
(14)28 (15)7 (16)1 (17)30 (18)45 (19)19
(20)70 (21)51 (22)75 (23)40 (24)47 (25)14
(26)18 (27)30 (28)67 (29)0 (30)30
Page 101, Item 1:
(1)44 (2)32 (3)0 (4)32 (5)18 (6)5 (7)53
(8)41 (9)37 (10)15 (11)12 (12)64 (13)50
(14)40 (15)43 (16)48 (17)2 (18)54 (19)69
(20)76 (21)6 (22)11 (23)26 (24)39 (25)33
(26)54 (27)61 (28)19 (29)15 (30)65
Page 102, Item 1:
(1)38 (2)22 (3)59 (4)27 (5)21 (6)69 (7)31
(8)43 (9)0 (10)64 (11)15 (12)31 (13)4
(14)8 (15)27 (16)30 (17)59 (18)33 (19)57
(20)59

(21)13 (22)46 (23)21 (24)50 (25)22 (26)8
(27)22 (28)31 (29)47 (30)21
Page 103, Item 1:
(1)72 (2)28 (3)68 (4)72 (5)22 (6)5 (7)64
(8)36 (9)42 (10)59 (11)54 (12)37 (13)42
(14)59 (15)42 (16)7 (17)76 (18)60 (19)8
(20)18 (21)49 (22)23 (23)21 (24)46 (25)44
(26)28 (27)39 (28)20 (29)39 (30)24
Page 104, Item 1:
(1)26 (2)34 (3)5 (4)35 (5)52 (6)65 (7)25
(8)33 (9)22 (10)55 (11)76 (12)86 (13)5
(14)34 (15)39 (16)35 (17)43 (18)52 (19)8
(20)29 (21)70 (22)68 (23)21 (24)82 (25)19
(26)12 (27)29 (28)3 (29)41 (30)33